GILBERT KEITH CHESTERTON
DER SALAT DES OBERST CRAY

GILBERT KEITH CHESTERTON

DER SALAT DES OBERST CRAY
PATER BROWN ERMITTELT

Aus dem Englischen von Isabelle Fuchs

Illustrationen von Reinhard Michl

GERSTENBERG

INHALT

DIE VERDÄCHTIGEN SCHRITTE

Sollten Sie zufällig auf ein Mitglied des
erlesenen Clubs »Die zwölf wahren Fischer« treffen, das anlässlich des jährlichen Club-
dinners gerade das Hotel
Vernon betritt, werden Sie,
wenn er den Mantel ablegt,
feststellen, dass er einen
grünen und keinen schwar-
zen Abendanzug trägt. Sollten
Sie ihn nach dem Grund fragen
(vorausgesetzt, Sie besitzen die unerhörte
Kühnheit, ein solches Wesen anzusprechen), wird er Ihnen wahrscheinlich antworten, dass er es tut, um nicht mit einem Kellner
verwechselt zu werden. Zerknirscht werden Sie sich zurückziehen.
Zugleich aber zieht ein bisher ungelüftetes Geheimnis und eine
Geschichte, die es wert ist, erzählt zu werden, an Ihnen vorüber.

Sollten Sie zufällig (um den Faden unwahrscheinlicher Vermutungen weiterzuspinnen) auf einen freundlichen, hart arbeiten-
den kleinen Priester namens Pater Brown treffen und ihn fragen,
was seines Erachtens der außergewöhnlichste Glücksfall in seinem
Leben gewesen sei, wird er vermutlich antworten, dass ihm alles in
allem sein größter Coup im Hotel Vernon gelungen sei, wo er ein

Verbrechen vereitelt und vielleicht eine Seele gerettet habe, und zwar lediglich durch das Lauschen auf ein paar Schritte in einem Korridor. Vielleicht ist er ein klein wenig stolz auf seine kühne und erstaunliche Mutmaßung, und es ist gut möglich, dass er darauf zu sprechen kommt. Da es andererseits höchst unwahrscheinlich ist, dass Sie gesellschaftlich jemals hoch genug aufsteigen werden, um die »Zwölf wahren Fischer« zu treffen, oder je tief genug in den Elends- und Verbrechervierteln versinken, um auf Pater Brown zu stoßen, befürchte ich, dass Sie von dieser Geschichte nur erfahren, wenn ich Sie Ihnen erzähle.

Das Hotel Vernon, in dem die »Zwölf wahren Fischer« einmal im Jahr ein Festessen abhielten, war eine Institution, wie es sie nur in einer oligarchischen Gesellschaft geben kann, die auf gute Manieren geradezu versessen ist. Es war das typische Erzeugnis einer verkehrten Welt – ein »exklusives«, kommerzielles Unternehmen. Das bedeutet, es war ein Etablissement, das sich rechnete, nicht weil es Leute anzog, sondern weil es sie abwies. Im Herzen jeder Plutokratie sind Geschäftsleute gerissen genug, um noch wählerischer zu sein als ihre Kunden. Sie bauen absichtlich Hürden, damit ihre reichen, gelangweilten Kunden Geld und Diplomatie aufbringen müssen, um diese zu überwinden. Wenn es in London ein elegantes Hotel gäbe, das jedem den Zutritt verwehrt, der unter sechs Fuß ist, dann würde sich die feine Gesellschaft widerspruchslos in Gruppen von sechs Fuß großen Leuten zusammenfinden, um dort zu speisen. Wenn es ein teures Restaurant gäbe, das aufgrund einer bloßen Laune seines Besitzers nur am Donnerstagnachmittag geöffnet hätte, wäre es am Donnerstagnachmittag überfüllt. Wie durch Zufall befand sich das Hotel Vernon am Rande eines Platzes in Belgravia. Es war ein kleines Hotel und obendrein sehr umständlich. Doch eben diese Umständlichkeit wurde als Schutzwall betrachtet, der einer bestimmten Klasse Deckung bot. Von entscheidender Bedeutung war vor allem der

8

Umstand, dass eigentlich nie mehr als vierundzwanzig Personen auf einmal dort speisen konnten. Der einzige große Esstisch war der vielgerühmte Terrassentisch, der auf einer Art Veranda im Freien stand und Aussicht auf einen der gepflegtesten alten Gärten Londons gewährte. Auf diese Weise konnte man sich der vierundzwanzig Plätze an diesem Tisch nur bei warmem Wetter erfreuen; da dies das Vergnügen noch erschwerte, erschien es umso begehrenswerter. Der derzeitige Besitzer des Hotels war ein Jude namens Lever, und er hatte fast eine Million daran verdient, indem er den Einlass erschwerte. Selbstverständlich verband er den beschränkten räumlichen Rahmen seines Unternehmens mit sorgfältigstem Schliff bei der Leistung. Die Weine und Speisen suchten in Europa ihresgleichen, und das Benehmen des Personals spiegelte exakt das formelle Gebaren der englischen Oberschicht wider. Der Besitzer kannte all seine Kellner wie die Finger an seiner Hand, es gab insgesamt nur fünfzehn. Es war wesentlich einfacher, ein Mitglied des Parlaments zu werden als Kellner in diesem Hotel. Jeder Einzelne von ihnen war in beängstigender Lautlosigkeit und Gewandtheit perfekt geschult, als wäre er der Butler eines Gentleman. Und in der Tat stand gewöhnlich jedem Gentleman, der dort speiste, mindestens ein Kellner zur Verfügung.

Der Club der »Zwölf wahren Fischer« hätte niemals eingewilligt, an einem anderen Ort zu speisen, denn eine luxuriöse Privatsphäre war für seine Mitglieder unabdingbar, und der bloße Gedanke, dass irgendein anderer Club zur gleichen Zeit in demselben Gebäude dinieren könnte, hätte für helle Aufregung gesorgt. Anlässlich ihres alljährlichen Festmahls pflegten die Fischer ihre gesamten Schätze zur Schau zu stellen, als wären sie in einem Privathaus, vor allem das berühmte Gedeck von Fischmessern und Fischgabeln, das, wie sollte es anders sein, das Wahrzeichen des Clubs war, jedes einzelne Stück eine erlesene Silberschmiedearbeit in Form eines Fisches und jedes am Griff mit einer großen Perle verziert. Dieses Besteck wurde stets für den Fischgang aufgelegt, und der Fischgang war stets der opulenteste bei diesem opulenten Mahl. Der Club verfügte über eine stattliche Anzahl von Zeremonien und Ritualen, aber über keinerlei Geschichte oder Zweck; gerade darin war er so außerordentlich aristokratisch. Man musste überhaupt nicht das und das sein, um den »Zwölf Fischern« anzugehören; wenn man nicht sowieso schon der und der war, hatte man ohnehin noch nie etwas von ihm gehört. Der Club bestand seit nunmehr zwölf Jahren. Sein Präsident war Mr. Audley. Sein Vizepräsident war der Herzog von Chester.

Sollte es mir auch nur annähernd gelungen sein, einen Eindruck von der Atmosphäre dieses reizenden Hotels zu vermitteln, so mag es der Leser als wahres Wunder empfinden, dass ich überhaupt etwas darüber weiß. Er mag auch darüber spekulieren, wie es kam, dass sich ein derart gewöhnlicher Mensch wie mein Freund Pater Brown in diesen heiligen Hallen aufhielt. Was das anbelangt, so ist meine Geschichte einfach, ja geradezu alltäglich. Es gibt auf der Welt einen sehr betagten Aufrührer und Demagogen, der mit der fürchterlichen Botschaft, dass alle Menschen Brüder seien, in die vornehmsten Anwesen einbricht, und ganz gleich wohin sein fahles Pferd diesen Gleichmacher trug, Pater Brown pflegte sich an seine Fersen zu heften. Einer der Kellner, ein Italiener, hatte am Nachmittag einen Schlaganfall erlitten. Sein jüdischer Arbeitgeber, obgleich er sich über solchen Aberglauben ein wenig wunderte, hatte eingewilligt, den nächsten katholischen Priester kommen zu lassen. Was der Kellner Pater Brown beichtete, geht uns nichts an, aus dem einfachen Grund, dass es der Geistliche für sich behielt; aber offensichtlich veranlasste es ihn, ein paar Zeilen oder eine Erklärung niederzuschreiben, sei es, um eine Botschaft zu übermitteln, sei es, um ein Unrecht wieder gutzumachen. Aus diesem Grund bat Pater Brown mit der sanften Keckheit, die er auch im Buckingham Palast an den Tag gelegt hätte, um einen Raum und

Schreibutensilien. Mr. Lever war hin- und hergerissen. Er war ein höflicher Mensch und hatte darüber hinaus jenen unangenehmen Abklatsch von Höflichkeit an sich, die Abneigung gegen jegliche Form von Schwierigkeit oder Szene. Gleichzeitig wirkte die Anwesenheit eines ungewöhnlichen Fremden in seinem Hotel an diesem Abend wie ein Schmutzfleck auf einem frisch gestärkten Hemd. Im Hotel Vernon hatte es niemals irgendein Grenzland oder ein Vorzimmer gegeben, niemals Leute, die in der Halle warteten, niemals Gäste, die zufällig hereinschauten. Es gab fünfzehn Kellner. Es gab zwölf Gäste. An diesem Abend einen weiteren Gast im Hotel anzutreffen, wäre ähnlich befremdlich gewesen, wie beim Frühstück oder Tee im eigenen Familienkreis auf einen neuen Bruder zu treffen. Außerdem ließ die Erscheinung des Priesters schwer zu wünschen übrig, und seine Kleidung war verschmutzt; selbst von weitem konnte ein flüchtiger Anblick unter den Clubmitgliedern eine Krise auslösen. Schließlich hatte Mr. Lever einen Einfall, wie er den Schandfleck zwar nicht verschwinden lassen, doch zumindest verbergen konnte. Wenn man das Hotel Vernon betritt (was Ihnen sicher nie passieren wird), gelangt man durch einen kurzen Korridor, in dem ein paar düstere, aber bedeutende Gemälde hängen, in die Hauptvorhalle, von der zur Rechten mehrere Gänge zu den Gasträumen abgehen und zur Linken ein ähnlicher Flur, der zu den Küchen und zum Büro des Hotels führt. Gleich links befindet sich die Ecke eines Glasgehäuses, das in die Halle hineinragt – ein Haus im Haus sozusagen, wie die alte Hotelbar, die wahrscheinlich einst an dieser Stelle stand.

In diesem Glasbüro saß der Stellvertreter des Besitzers (niemand erschien in diesem Haus jemals persönlich, wenn er es irgend vermeiden konnte), und genau dahinter, auf dem Weg zu den Räumen des Personals, befand sich die Herrengarderobe, die letzte Bastion des Gastbereiches. Zwischen dem Büro und der Garderobe befand sich ein kleines Privatzimmer ohne zusätzlichen Aus-

gang, das vom Besitzer hin und wieder für heikle und wichtige
Angelegenheiten genutzt wurde, etwa um einem Herzog tausend
Pfund zu leihen oder um sich zu weigern, ihm auch nur ein Six-
pencestück zu geben. Es spricht für die außerordentliche Groß-
zügigkeit von Mr. Lever, dass er diesen heiligen Ort für etwa eine
halbe Stunde von einem einfachen Priester entweihen ließ, der ein
paar Notizen auf ein Stück Papier kritzelte. Die Geschichte, die
Pater Brown niederschrieb, war vermutlich eine wesentlich bessere
als diese hier, nur leider wird sie nie veröffentlicht werden. Ich
kann lediglich anmerken, dass sie fast genauso lang war und dass
die letzten zwei, drei Abschnitte kaum noch interessant und fes-
selnd waren.

Denn als er soweit gekommen war, erlaubte sich der Priester
allmählich, seine Gedanken ein wenig abschweifen und seine gewöhnlich sehr feinen kreatürlichen Sinne erwachen zu lassen. Die
Zeit der Dämmerung und des Abendessens rückte heran; sein
eigener, vergessener kleiner Raum hatte kein Licht, und womöglich
schärfte die zunehmende Düsternis, wie es zuweilen vorkommt,

sein Gehör. Als Pater Brown den letzten und unwesentlichsten Teil seiner Aufzeichnung zu Papier brachte, ertappte er sich dabei, dass er im Rhythmus eines wiederkehrenden Geräuschs von draußen schrieb, so wie man manchmal im Einklang mit dem Geratter eines Zuges nachdenkt. Sobald er sich dessen bewusst wurde, erkannte er, was es war: das ganz normale Getrappel von Füßen, die an der Zimmertür vorübergingen, was in einem Hotel nichts Ungewöhnliches war. Trotzdem starrte er zur dunkelnden Zimmerdecke empor und lauschte. Nachdem er einige Sekunden verträumt gehorcht hatte, sprang er auf und horchte genauer, den Kopf leicht zur Seite geneigt. Dann setzte er sich wieder hin und vergrub die Stirn in seinen Händen, denn jetzt war es nicht mehr nur Lauschen, sondern gleichzeitig Lauschen und Denken.

Die Schritte vor der Tür klangen in jedem Augenblick so, wie sie in jedem beliebigen Hotel zu hören waren; dennoch hatten sie insgesamt etwas sehr Seltsames an sich. Andere Schritte gab es keine. In diesem Hotel war es immer sehr still, denn die wenigen Stammgäste begaben sich sofort auf ihre Zimmer, und die gut geschulten Kellner waren angewiesen, praktisch unsichtbar zu sein, bis man nach ihnen verlangte. Kaum ein Ort ist vorstellbar, an dem es weniger Anlass gab, etwas Unregelmäßiges zu befürchten. Diese Schritte aber waren so eigentümlich, dass man sich nicht entscheiden konnte, sie regelmäßig oder unregelmäßig zu nennen. Pater Brown folgte ihnen mit dem Finger auf der Tischkante wie jemand, der versucht, eine Melodie auf dem Klavier zu spielen.

Zuerst kam eine lange Reihe kleiner, schneller Schritte, wie sie ein leichtfüßiger Mann machen würde, um ein Geher-Rennen zu gewinnen. An einem bestimmten Punkt hörten sie auf und verwandelten sich in eine Art langsames schwungvolles Stampfen, das kaum ein Viertel der schnellen Schritte ausmachte, aber etwa genauso lange dauerte. In dem Augenblick, wo das letzte hallende Stampfen verklungen war, ertönte erneut das Getrippel leichter, dahineilender Füße, dann wieder das Dröhnen der schwereren Schritte. Es handelte sich eindeutig um das gleiche Paar Stiefel, zum einen, weil (wie bereits erwähnt) sonst keine Schritte zu vernehmen waren, zum anderen, weil sie leise, aber unverkennbar knarrten. Pater Brown besaß jene Art von Verstand, die gar nicht anders konnte, als Fragen zu stellen; und bei dieser scheinbar banalen Frage barst ihm schier der Schädel. Er hatte Männer Anlauf nehmen sehen, um zu springen. Er hatte Männer Anlauf nehmen sehen, um zu schlittern. Aber warum in aller Welt sollte jemand rennen, um zu gehen? Oder anders herum, warum sollte er gehen, um zu rennen? Dennoch gab es keine passendere Beschreibung für die Eskapaden dieses unsichtbaren Beinpaars. Entweder durchquerte der Mann die eine Hälfte des Korridors sehr rasch, nur um die zweite im Schneckentempo zurückzulegen; oder er ging am einen Ende sehr langsam, nur um am anderen Ende den Rausch der Geschwindigkeit zu genießen. Keine Vermutung schien einen Sinn zu ergeben. Das Gehirn des Priesters umwölkte sich zunehmend, wurde dunkler wie sein Zimmer.

Als er jedoch konzentriert nachzudenken begann, schien gerade die Dunkelheit der Zelle seine Gedanken zu beflügeln; einer Vision gleich sah er die phantastischen Füße auf unnatürliche oder symbolische Weise den Korridor entlanghüpfen. Handelte es sich um einen rituellen heidnischen Tanz? Oder um eine völlig neuartige wissenschaftliche Übung? Pater Brown fragte sich mit wachsender Sorgfalt, was die Schritte zu bedeuten hätten. Zunächst der langsame Schritt; das war keinesfalls der Schritt des Besitzers. Männer dieses Schlages bewegen sich entweder im raschen Watschelgang fort, oder sie sitzen still. Es konnte auch kein Diener oder Bote sein, der auf Anweisungen wartete. Es klang anders. Angehörige der unteren Schichten – zumindest in einer Oligarchie – neigen zwar zum Torkeln, wenn sie leicht betrunken sind, aber in der Regel, und vor allem in solch illustrer Umgebung, stehen oder sit-

14

zen sie in verkrampfter Haltung da.
Nein, dieser schwere und den-
noch federnde Schritt in seinem
betont nachlässigen Auftreten,
nicht sonderlich laut, aber auch
gleichgültig gegenüber dem
Lärm, den er verursachte, konnte nur einer einzigen Spezies auf
Erden angehören. Es war ein
westeuropäischer Gentleman, und
vermutlich einer, der niemals seinen Lebensunterhalt verdient hatte.

In dem Moment, in dem Pater Brown
zu dieser festen Überzeugung gelangt war, wechselten die Schritte
in die raschere Gangart und hasteten wie eine aufgescheuchte Rat-
te an der Tür vorüber. Der Lauscher bemerkte, dass diese Schritte
zwar viel schneller, aber auch viel leiser waren, beinahe so, als ob
der Mann auf Zehenspitzen ginge. Er verband dieses Geräusch in
seinen Gedanken jedoch nicht mit Heimlichkeit, sondern mit etwas anderem – mit etwas, das ihm nicht einfallen wollte. Er wurde
von einer jener bruchstückhaften Erinnerungen gequält, die einen
Mann in den Wahnsinn treiben können. Er war sich ganz sicher,
diesen seltsamen, schnellen Gang irgendwo schon einmal gehört
zu haben. Plötzlich kam ihm ein neuer Gedanke, er sprang auf
und ging zur Tür. Es gab keine direkte Verbindung zwischen seinem Zimmer und dem Flur, man gelangte von dort nur auf der
einen Seite ins Glasbüro und auf der anderen in die Garderobe
dahinter. Er versuchte, die Tür zum Büro zu öffnen, und fand sie
verschlossen. Dann sah er zum Fenster, jetzt ein Viereck angefüllt
mit purpurnen Wolken, zerteilt von einem bleichen Sonnenuntergang, und einen Moment lang witterte er Unheil, so wie ein Hund
Ratten wittert.

Der vernünftige Teil seines Wesens (ob es auch der klügere war, sei dahingestellt) gewann die Oberhand. Er erinnerte sich, dass der Besitzer ihm mitgeteilt hatte, er würde die Tür verschließen und ihn später wieder herauslassen. Er sagte sich, dass die ungewöhnlichen Geräusche draußen Dutzende von Ursachen haben konnten, an die er nicht gedacht hatte; er ermahnte sich, dass es gerade noch hell genug war, um seine eigentliche Arbeit zu Ende zu bringen. Er trug seine Schreibsachen ans Fenster, um das letzte stürmische Abendlicht zu nutzen, und stürzte sich erneut entschlossen auf den nahezu vollständigen Bericht. Er hatte etwa zwanzig Minuten geschrieben und sich dabei im spärlicher werdenden Licht immer tiefer über das Papier gebeugt, als er sich plötzlich kerzengerade aufrichtete. Er hatte abermals die seltsamen Schritte vernommen.

Dieses Mal gab es eine dritte Merkwürdigkeit. Bisher war der Unbekannte gegangen, zwar durchaus leichtfüßig und blitzschnell, aber er war gegangen. Dieses Mal rannte er. Man hörte die flinken, elastischen, hüpfenden Schritte den Korridor entlangkommen wie die Pfoten eines fliehenden und springenden Panthers. Wer immer da ging, es war ein sehr kräftiger, dynamischer Mann in stummer, doch heftiger Erregung. Aber dennoch, sobald die Schritte wie ein flüsternder Wirbelwind das Büro erreicht hatten, verwandelten sie sich plötzlich wieder in das altbekannte langsame, stolzierende Stampfen.

Pater Brown warf seine Aufzeichnungen auf den Tisch, und da er die Bürotür verschlossen wusste, begab er sich ohne Umschweife in die Garderobe auf der anderen Seite. Der zuständige Bedienstete war gerade abwesend, vielleicht weil die einzigen Gäste beim Abendessen saßen und er auf seinem Posten ohnehin zum Nichtstun verurteilt war. Nachdem sich Pater Brown durch einen grauen Wust an Mänteln gewühlt hatte, entdeckte er, dass die dunkle Garderobe durch eine Art Schalter oder Halbtür mit dem beleuchteten Korridor verbunden war, ganz wie die meisten Schalter, über die

wir alle schon unseren Schirm gereicht und eine Marke dafür erhalten haben. Unmittelbar über dem halbkreisförmigen Bogen dieser Öffnung befand sich eine Lampe. Sie warf nur ein schwaches Licht auf Pater Brown, der sich gegen das düstere Sonnenuntergangsfenster dahinter wie eine dunkle Silhouette ausnahm, beleuchtete hingegen den Mann, der vor der Garderobe im Korridor stand, geradezu theatralisch.

Es war ein eleganter Herr im schlichten Abendanzug; hochgewachsen, doch mit dem Auftreten eines Menschen, der nicht viel Raum nimmt; man hatte den Eindruck, er könne überall dort wie ein Schatten vorübergleiten, wo viele kleinere Männer auffallen und im Weg stehen würden. Sein vom Licht der Lampe erhelltes Gesicht war dunkelhäutig und lebhaft, das Gesicht eines Ausländers. Er war von regelmäßigem Wuchs, sein Auftreten zeugte von Gutmütigkeit und Selbstvertrauen; das Einzige, was man an ihm bemängeln konnte, war sein schwarzer Frack, der nicht ganz seiner Figur und seinem Benehmen entsprach und sich sogar merkwürdig beulte und bauschte. Sobald er Pater Browns schwarze Silhouette vor dem Sonnenuntergang erblickte, warf er ein Stück Papier mit einer Nummer darauf vor ihn hin und rief mit freundlichem Nachdruck: »Meinen Hut und Mantel, bitte. Ich muss leider sofort gehen.«

Pater Brown nahm den Papierfetzen wortlos entgegen und begab sich gehorsam auf die Suche nach dem Mantel; es war nicht die erste niedere Arbeit, die er in seinem Leben verrichtete. Er brachte den Mantel und legte ihn auf den Schalter; unterdessen bemerkte der seltsame Gentleman, der seine Westentaschen abgetastet hatte, lachend: »Ich habe gerade kein Silber bei mir; nehmen Sie dies.« Er warf ihm einen halben Souvereign* hin und griff nach seinem Mantel.

---

* Eine englische Goldmünze. Anm. d. Ü.

Pater Browns Gestalt verharrte still im Dunkeln, den Kopf aber hatte er in diesem Augenblick verloren. Sein Kopf war stets dann äußerst wertvoll, wenn er ihn verloren hatte. In solchen Augenblicken zählte er zwei und zwei zusammen und kam auf vier Millionen. Die katholische Kirche (die mit dem gesunden Menschenverstand verheiratet ist) schätzte dies häufig nicht besonders. Er schätzte es häufig auch selbst nicht besonders. Und doch war es eine echte Eingebung – wichtig in außergewöhnlichen Krisensituationen –, wenn einer, der seinen Kopf verliert, selbigen dadurch auch rettet.

Er sagte höflich:»Sir, ich glaube, dass Sie durchaus ein bisschen Silber in den Taschen haben.«

Der große Gentleman starrte ihn an.»Zum Henker«, rief er.»Ich gebe Ihnen Gold, worüber beschweren Sie sich noch?«

»Weil Silber manchmal wertvoller ist als Gold«, erwiderte der Priester freundlich;»jedenfalls in großen Mengen.«

Der Fremde sah in neugierig an. Dann sah er mit noch größerer Neugier den Flur hinunter in Richtung des Haupteingangs. Dann sah er noch einmal Pater Brown an und betrachtete eingehend das Fenster über dem Kopf des Priesters, durch das noch immer die Abendröte nach dem Sturm zu erkennen war. Er schien einen Entschluss gefasst zu haben. Er legte eine Hand auf den Schalter, schwang sich mühelos wie ein Akrobat darüber, baute sich vor dem Priester auf und packte ihn mit einer riesigen Hand am Kragen.

»Ganz ruhig«, stieß er flüsternd hervor.»Ich will Ihnen nicht drohen, aber…«

»Aber ich will Ihnen drohen«, unterbrach ihn Pater Brown mit einer Stimme, die wie Donner grollte.»Ich will Ihnen drohen mit dem Wurm, der nicht stirbt, und dem Feuer, das nicht verlöscht.«*

---

* Vgl. Mk 9,44–48. Anm. d. Ü.

»Sie sind ja ein komischer Garderobier«, meinte der andere.

»Ich bin ein Priester, Monsieur Flambeau«, sagte Pater Brown.

»Und ich bin bereit, Ihre Beichte zu hören.«

Sein Gegenüber schnappte kurz nach Luft, dann ließ es sich taumelnd in einen Stuhl fallen.

Die ersten beiden Gänge des Festmahls der »Zwölf wahren Fischer« waren beschaulich und erfolgreich vonstattengegangen. Ich besitze keine Abschrift der Speisekarte; aber selbst wenn ich es täte, gäbe sie keinerlei Aufschluss. Sie war in jenem überkandidelten Französisch verfasst, wie Köche es gerne verwenden, das für Franzosen jedoch völlig unverständlich ist. Entsprechend der Clubtradition mussten die *Hors d'œuvres* so abwechslungsreich und mannigfaltig sein, dass es an Aberwitz grenzte. Sie wurden mit andächtigem Ernst verspeist, weil sie offen gestanden völlig überflüssig waren, wie eben das ganze Mahl und der Club überhaupt. Außerdem war es Tradition, dass die Suppe leicht und anspruchslos zu sein hatte – ein Art karge, nüchterne Mahnwache vor der bevorstehenden Fischorgie. Die Unterhaltung entsprach jenem merkwürdigen, seichten Gerede, welches das britische Weltreich beherrscht, es im Geheimen beherrscht, und aus dem ein gewöhnlicher Engländer doch kaum klug würde, wenn er es belauschen könnte. Kabinettminister beider politischer Lager wurden mit einem gewissen gelangweilten Wohlwollen kurzerhand beim Vornamen genannt. Der radikale Schatzkanzler, den die gesamte Tory-Partei aufgrund seines räuberischen Wuchers angeblich verfluchte, wurde für seine belanglose Dichtkunst oder für seine Reitkunst bei der Jagd gepriesen. Man sprach ausführlich über den Vorsitzenden der Torys, den alle Liberalen angeblich als Tyrannen verabscheuten, und pries ihn im Großen und Ganzen – als Liberalen. Irgendwie hatte es den Anschein, als wären Politiker sehr wichtig. Und doch schien alles Mögliche an ihnen wichtig, nur nicht ihre Politik. Der Vorsitzende des Clubs, Mr. Audley, war ein liebenswürdiger älterer Herr, der immer noch Gladstone-Kragen trug; er war eine Art Sinnbild für die gesamte geisterhafte und dennoch etablierte Gesellschaft. Er hatte niemals etwas getan – nicht einmal etwas Falsches. Er war nicht tüchtig; er war nicht einmal sonderlich vermögend. Er gehörte ganz einfach dazu, und damit war die Sache erledigt. An ihm kam keine Partei vorbei; und hätte er jemals den Wunsch verspürt, in das Kabinett einzutreten, wäre er gewiss hineingehievt worden. Der Herzog von Chester, der Vizepräsident, war ein junger aufstrebender Politiker. Das heißt, er war ein angenehmer junger Mann mit dünnem, blondem Haar und Sommersprossen, von mäßigem Verstand und enorm begütert. Seine Auftritte in der Öffentlichkeit waren stets erfolgreich, und seine Methode war denkbar einfach. Fiel ihm ein Witz ein, gab er ihn zum Besten und galt als brillant. Fiel ihm kein Witz ein, behauptete er, dies sei nicht die Zeit für Bagatellen, und galt als fähig. Privat, in einem Club unter seinesgleichen, war er einfach auf ziemlich angenehme Weise freimütig und frech wie ein Schuljunge. Mr. Audley, der nie in der Politik gewesen war, ging mit den Clubmitgliedern etwas ernsthafter um. Hin und wieder brachte er sie sogar in Verlegenheit, indem er behauptete, zwischen einem Liberalen und einem Konservativen bestünde tatsächlich ein Unterschied. Er selbst war ein Konservativer, sogar in seinem Privatleben. Sein graues Haar wellte sich rückwärts über den Kragen wie bei gewissen altmodischen Staatsmännern, und von hinten sah er aus wie ein Mann, den sich das Empire wünscht. Von vorne sah er aus wie ein harmloser Junggeselle, der sich gerne etwas gönnt und in Albany wohnt – und genau das war er.

Wie bereits bemerkt, hatte der Terrassentisch vierundzwanzig Plätze, aber der Club nur zwölf Mitglieder. Daher konnten sie die Terrasse auf höchst verschwenderische Weise nutzen; alle saßen aufgereiht an der Innenseite des Tisches, ohne Gegenüber, und ge-

nossen einen ungehinderten Blick auf den Garten, dessen Farben
noch intensiv leuchteten, obwohl der Abend für diese Jahreszeit
in etwas unheimlichem Licht hereinbrach. Der Präsident saß in
der Mitte, der Vizepräsident am rechten Ende des Tisches. Wenn
die zwölf Gäste zu ihren Plätzen aufmarschierten, war es (aus un-
erfindlichen Gründen) Brauch, dass sich alle fünfzehn Kellner in
einer Reihe an der Wand aufreihten wie eine Truppe, die vor dem
König das Gewehr präsentiert, während sich der beleibte Besitzer
mit freudiger Überraschung vor ihnen verneigte, als ob er nie zuvor von ihnen gehört hätte. Noch vor dem ersten Klirren des
Bestecks war dieses Heer an Bediensteten jedoch verschwunden,

lediglich die ein, zwei Kellner, die für das Auf- und Abdecken der
Teller zuständig waren, huschten vollkommen lautlos hin und her.
Mr. Lever, der Besitzer, hatte sich natürlich längst unter krampf-
artigen Höflichkeitsbezeugungen zurückgezogen. Es wäre über-
trieben, ja geradezu respektlos zu behaupten, dass er jemals wieder
leibhaftig erschienen wäre. Als jedoch der wichtigste Gang, der
Fischgang, aufgetragen wurde, machte sich – wie soll ich es aus-
drücken? – ein lebhafter Schatten bemerkbar, ein Aufleuchten seiner
Persönlichkeit, das erahnen ließ, dass er sich in der Nähe aufhielt.
Der geheiligte Fischgang bestand (zumindest für den gewöhnlichen Betrachter) aus einer Art riesenhaftem Pudding, der in Größe

und Form einer Hochzeitstorte ähnelte, in der eine beträchtliche Anzahl von interessanten Fischen nunmehr endgültig jene Gestalt eingebüßt hatte, die ihnen Gott verliehen hatte. Die »Zwölf wahren Fischer« ergriffen ihre berühmten Fischmesser und Fischgabeln und machten sich mit derart feierlichem Ernst an das Verzehren des Puddings, als sei jeder Zoll davon so wertvoll wie die silberne Gabel, mit der er verspeist wurde. Was, soviel ich weiß, auch zutraf. Man widmete sich diesem Gang mit hingebungsvollem und gefräßigem Schweigen; und erst als er seinen Teller fast schon geleert hatte, äußerte der junge Herzog die feierliche Bemerkung:»Das können sie nirgends so gut wie hier.«

»Nirgends«, wiederholte Mr. Audley mit einer tiefen Bassstimme, wandte sich an den Herzog und nickte mehrmals mit seinem ehrwürdigem Haupt.»Nirgends, ohne Zweifel, nur hier. Man hat mir erzählt, dass man im Café Anglais…«

An dieser Stelle wurde er durch das Abtragen seines Tellers unterbrochen, ja beinahe aufgescheucht, doch es gelang ihm, den kostbaren Faden seiner Gedanken wieder aufzunehmen.»Man hat mir erzählt, dass man dasselbe auch im Café Anglais so zubereiten könne. Kein Vergleich, Sir«, sagte er und schüttelte dabei unbarmherzig den Kopf wie ein Richter, der ein Todesurteil fällt.»Kein Vergleich.«

»Überschätztes Lokal«, bemerkte ein gewisser Oberst Pound, der (zumindest seinem Aussehen nach) seit Monaten zum ersten Mal wieder sprach.

»Ach, ich weiß nicht«, sagte der Herzog von Chester, der Optimist war,»ein paar Dinge dort sind unheimlich gut. Unschlagbar sind zum Beispiel…«

Ein Kellner durchquerte mit raschen Schritten den Raum und blieb dann wie angewurzelt stehen. Sein Innehalten war ebenso lautlos wie sein Gang; doch all jene geistesabwesenden, freundlichen Herren waren derart gewöhnt an den vollkommen reibungslosen Ablauf der unsichtbaren Maschinerie, die ihr Leben umgab und in Gang hielt, dass ein Kellner, der etwas Unerwartetes tat, ein Beben und Erschüttern bedeutete. Sie fühlten sich wie du oder ich, wenn auf einmal die leblose Welt den Gehorsam verweigerte – wie wenn ein Stuhl vor uns davonlaufen würde.

Der Kellner stand ein paar Sekunden lang mit starrem Blick da, während sich auf allen Gesichtern am Tisch ein merkwürdiger Ausdruck von Scham verbreitete, der eine ganz typische Erscheinung unserer Zeit ist. Es handelt sich um die Kombination aus moderner humanitärer Gesinnung und der grausamen Kluft, die heute zwischen den Seelen der Reichen und Armen besteht. Ein echter alter Aristokrat hätte mit irgendwelchen Dingen nach dem Kellner geworfen, zunächst mit leeren Flaschen und zum Schluss sehr wahrscheinlich mit Geld. Ein echter Demokrat hätte ihn in kameradschaftlichem Tonfall ganz offen gefragt, was zum Teufel er da mache. Diese modernen Plutokraten aber konnten einen armen Menschen in ihrer Nähe einfach nicht ertragen, weder als Sklaven noch als Freund. Die Tatsache, dass bei den Kellnern irgendetwas schief gegangen war, löste lediglich eine lästige, tiefe Verlegenheit aus. Sie wollten nicht unmenschlich sein und schreckten gleichzeitig davor zurück, gütig sein zu müssen. Sie wollten, dass die Sache, was immer es sei, ein Ende hatte. Sie hatte ein Ende. Nachdem der Kellner einige Sekunden lang steif wie vom Starrkrampf befallen dagestanden hatte, machte er auf dem Absatz kehrt und stürzte wie ein Wahnsinniger aus dem Raum.

Als er wieder im Saal oder vielmehr im Türrahmen erschien, war er in Begleitung eines anderen Kellners, mit dem er tuschelte und in südländischer Manier wild gestikulierte. Dann verschwand der erste Kellner, ließ den zweiten zurück und tauchte mit einem dritten wieder auf. In der Zwischenzeit hatte sich ein vierter Kellner dieser rasch einberufenen Synode angeschlossen, und Mr. Audley hielt es aus Gründen des Taktes für angebracht, das Schweigen zu brechen. Anstatt vom Präsidentenhammer machte er von einem sehr lauten Husten Gebrauch und sagte:»Hervorragende Arbeit, die der junge Moocher da in Burma leistet. Keine andere Nation der Welt wäre in der Lage…«

Ein fünfter Kellner war wie ein Pfeil auf ihn zugeschossen und raunte ihm ins Ohr:»Bedaure sehr. Wichtig! Könnte der Besitzer mit Ihnen sprechen?«

Der Vorsitzende drehte sich irritiert um und verfolgte mit benommenem Blick, wie Mr. Lever in schwerfälliger Lebhaftigkeit auf sie zukam. Die Gangart des guten Mannes war in der Tat seine übliche, ganz und gar unüblich aber war seine Gesichtsfarbe. Sie war normalerweise von einem warmen Kupferbraun; jetzt war sie ungesund gelb.

»Sie werden mir verzeihen, Mr. Audley«, stieß er mit asthmatischem Keuchen hervor.»Ich hege die schlimmsten Befürchtungen. Ihre Fischteller, sie wurden samt Messer und Gabel abgeräumt!«

»Na, das will ich hoffen«, erwiderte der Vorsitzende mit einiger Wärme.

»Sie haben ihn gesehen?«, keuchte der erregte Hotelbesitzer. »Sie haben den Kellner gesehen, der sie abgeräumt hat? Sie kennen ihn?«

»Den Kellner kennen?«, antwortete Mr. Audley entrüstet. »Selbstverständlich nicht!«

Mr. Lever rang qualvoll die Hände.»Ich habe ihn nicht geschickt«, erklärte er.»Ich weiß nicht, wann oder warum er gekommen ist. Ich schicke meinen Kellner, um die Teller abzuräumen, und er stellt fest, dass sie schon abgeräumt sind.«

Mr. Audley sah nach wie vor viel zu verblüfft aus, um wirklich der Mann zu sein, den das Empire braucht; keiner in der Runde war in der Lage, etwas zu sagen, außer dem Mann aus Holz – Oberst Pound –, der wie elektrisiert zu außergewöhnlicher Lebendigkeit erwacht war. Er erhob sich steif von seinem Stuhl, während alle anderen sitzen blieben, schraubte sich sein Monokel ins Auge und sprach mit so rauer Stimme, als ob er das Sprechen fast verlernt hätte. »Wollen Sie damit andeuten«, krächzte er, »dass jemand unser silbernes Fischbesteck gestohlen hat?«

Der Besitzer rang erneut die Hände, diesmal mit noch größerer Hilflosigkeit, und im Handumdrehen waren alle Männer am Tisch auf den Beinen.

»Sind Ihre Kellner vollzählig hier?«, verlangte der Oberst in leisem, scharfen Ton zu wissen.

»Ja, sie sind alle hier. Ich habe es selbst gesehen«, rief der junge Herzog und drängte sein Knabengesicht in die Mitte der Runde. »Ich zähl' sie immer, wenn sie hereinkommen; sie sehen so sonderbar aus, wie sie da an der Wand stehen.«

»Aber Sie können sich natürlich nicht ganz genau erinnern«, versetzte Mr. Audley nach einigem Zögern.

»Und ob ich mich ganz genau erinnern kann!«, entgegnete der Herzog erregt. »Es waren nie mehr als fünfzehn Kellner hier, und auch heute Abend waren es nicht mehr als fünfzehn, das schwöre ich. Keiner mehr und keiner weniger.«

Zitternd und als wäre er vor Überraschung wie gelähmt, wandte sich der Besitzer an ihn: »Wollen Sie… wollen Sie damit sagen, dass Sie alle meine fünfzehn Kellner gesehen haben?«, stammelte er.

»Wie gewöhnlich«, bekräftigte der Herzog. »Was hat es damit auf sich?«

»Nichts«, erwiderte Mr. Lever mit stärker werdendem Akzent, »nur, dass das nicht möglich ist. Weil einer oben tot in Zimmer liegt.«

27

Einen Augenblick lang senkte sich beängstigende Stille über den Raum. Möglicherweise (so metaphysisch ist das Wort Tod) blickte jeder dieser Müßiggänger kurz in seine Seele und erkannte sie als winzige, vertrocknete Erbse. Einer von ihnen, ich glaube, es war der Herzog, fragte sogar mit der idiotischen Liebenswürdigkeit der Reichen:»Können wir irgendetwas für ihn tun?«

»Ein Priester war bei ihm«, entgegnete der Jude nicht ohne Rührung.

Dann plötzlich, wie beim Paukenschlag des Jüngsten Gerichts, wurden sie sich ihrer eigenen Lage wieder bewusst. Ein paar unheimliche Sekunden lang hatten sie tatsächlich das Gefühl gehabt, der fünfzehnte Kellner sei vielleicht der Geist des Toten gewesen, der oben lag. Dieses bedrückende Gefühl hatte sie verstummen lassen, denn Geister brachten sie, genau wie Bettler, in Verlegenheit. Doch der Gedanke an das Silber brach den Bann des Übernatürlichen, und zwar abrupt und mit einem heftigen Schlag. Der Oberst stieß seinen Stuhl zurück und schritt eilig auf die Tür zu.

»Wenn es hier einen fünfzehnten Kellner gab, Freunde«, sagte er,»dann war dieser fünfzehnte Kerl ein Dieb. Sofort an die Vorder- und Hintereingänge und alles abriegeln, dann können wir weiterreden. Die vierundzwanzig Perlen sind es wert, sie zurückzuerobern.«

Mr. Audley schien zunächst unschlüssig, ob es sich für einen Gentleman geziemte, überhaupt aus irgendeinem Anlass eine derartige Eile an den Tag zu legen, als er den Herzog jedoch mit jugendlichem Schwung die Treppe hinabstürzen sah, folgte er in würdevollerem Tempo.

Im selben Augenblick kam ein sechster Kellner hereingerannt und erklärte, er habe den Stapel mit den Fischtellern auf einer Anrichte gefunden, aber keine Spur von dem Silber.

Die Schar der Gäste und Bediensteten, die Hals über Kopf die Gänge hinabstürzte, teilte sich in zwei Gruppen auf. Die meisten

Fischer folgten dem Besitzer in den Vorderraum, um jeden Ausgang einzeln zu überprüfen. Oberst Pound, der Vorsitzende, der Vizepräsident und ein paar andere eilten den Korridor hinunter, der zu den Räumen der Bediensteten führte, da dies der wahrscheinlichere Fluchtweg war. Dabei kamen sie auch an der dunklen Nische oder Höhle der Garderobe vorbei und erblickten dort eine kleine, schwarz gewandte Gestalt, vermutlich einen Diener, der etwas tiefer im Schatten der Garderobe stand.

»Heda!«, rief der Herzog. »Haben Sie jemanden vorbeikommen sehen?«

Die untersetzte Gestalt beantwortete die Frage nicht direkt, sondern sagte nur: »Vielleicht hab ich das, wonach Sie suchen, Gentlemen.«

Verwundert und unschlüssig blieben sie stehen, während er ruhig in den hinteren Teil der Garderobe ging und mit zwei Hand voll glänzendem Silber, das er mit dem Gleichmut eines Verkäufers vor ihnen auf dem Tisch ausbreitete, wieder zurückkam. Es erwies sich als ein Dutzend außergewöhnlich geformter Gabeln und Messer.

»Sie… Sie…«, stotterte der Oberst, der nun doch ziemlich aus der Fassung geraten war. Dann spähte er in den düsteren, kleinen Raum und erkannte zwei Dinge: erstens, dass der kleine, schwarz gewandte Mann die Soutane eines Priesters trug; und zweitens, dass das Fenster des dahinterliegenden Raums zerbrochen war, als wäre jemand gewaltsam hindurchgestiegen.

»Ziemlich wertvoll, um so etwas in einer Garderobe aufzubewahren, finden Sie nicht?«, bemerkte der Priester mit heiterer Gelassenheit.

»Ha… Ha… Haben Sie etwa die Sachen gestohlen?«, stotterte Mr. Audley und starrte ihn an.

»Selbst wenn ich es getan hätte«, erwiderte der Priester freundlich, »dann bringe ich sie wenigstens wieder zurück.«

»Aber Sie haben sie nicht gestohlen«, sagte Oberst Pound und starrte immer noch auf das zerbrochene Fenster.

»Ehrlich gesagt, nein«, erwiderte der andere recht vergnügt und ließ sich würdevoll auf einem Schemel nieder.

»Aber Sie wissen, wer es war«, forschte der Oberst weiter.

»Ich kenne seinen richtigen Namen nicht«, sagte der Priester gelassen, »aber ich weiß einiges von seiner Kampfkraft und eine ganze Menge über seine seelischen Schwächen. Ich konnte mir ein Bild von seinen körperlichen Fähigkeiten machen, als er mich erwürgen wollte, sowie ein Bild von seiner Moral, als er die Tat bereute.«

»Ach wirklich – bereute!«, rief der junge Chester unter krähendem Gelächter.

Pater Brown erhob sich und legte die Hände auf den Rücken.

»Seltsam, nicht wahr«, sagte er, »dass ein Dieb und Vagabund bereut, wo doch so viele Reiche und Wohlpositionierte hart und leichtsinnig bleiben und ohne Nutzen für Gott und die Menschheit sind. Hier aber, ich bitte um Verzeihung, überschreiten Sie ein wenig die Grenzen meiner Domäne. Sollten Sie die materielle Echtheit dieser Reue bezweifeln: dort sind Ihre Messer und Gabeln. Sie sind die ›Zwölf wahren Fischer‹, und dort sind Ihre Silberfische. Gott aber hat mich zu einem Menschenfischer gemacht.«

»Haben Sie den Kerl erwischt?«, fragte der Oberst stirnrunzelnd.

Pater Brown blickte ihm gerade ins Gesicht. »Ja«, erwiderte er, »ich habe ihn erwischt, mit einem verborgenen Haken und einer unsichtbaren Schnur, die lang genug ist, um ihn bis ans Ende der Welt wandern zu lassen, und die ihn dennoch mit einem Fadenruck zurückholt.«

Es blieb lange Zeit still. Alle Anwesenden schwirrten aus, um entweder ihren Gefährten das wiedergefundene Silber zu bringen oder den Besitzer über die seltsamen Umstände der Angelegenheit zu befragen. Nur der grimmige Oberst saß noch immer seitwärts auf dem Garderobentisch, baumelte mit den langen, dürren Beinen und kaute an seinem dunklen Schnurrbart.

Schließlich sagte er ruhig zu dem Priester:»Muss ein schlauer Bursche gewesen sein, aber ich glaube, ich kenne einen, der noch schlauer ist.«

»Er war ein schlauer Bursche«, entgegnete der Priester,»aber ich verstehe nicht ganz, welchen anderen Sie meinen.«

»Ich meine Sie«, versetzte der Oberst und lachte kurz auf.»Mir kommt es nicht darauf an, dass der Kerl ins Gefängnis wandert, seien Sie unbesorgt. Aber ich gäbe eine nicht unbeträchtliche Menge an Silbergabeln, um ganz genau zu erfahren, wie Sie in die Sache hineingeraten sind und wie Sie ihm das Zeug wieder abgeluchst haben. Ich schätze, Sie sind der gerissenste Spitzbube von uns allen.«

Pater Brown schien die barsche Offenheit des alten Soldaten zu mögen.»Nun«, sagte er lächelnd,»über die Identität oder Lebensgeschichte des Mannes erfahren Sie von mir natürlich kein Wort; doch sehe ich keinen besonderen Grund, warum ich Ihnen von den offenkundigen Tatsachen, die ich selbst herausgefunden habe, nicht erzählen sollte.«

Mit unerwarteter Behändigkeit hüpfte er über die Schranke, setzte sich neben Oberst Pound und baumelte mit seinen kurzen Beinen wie ein kleiner Junge auf einem Gartentor. Er begann seine Geschichte so unbefangen zu erzählen, als säße er mit einem alten Freund vor einem Kaminfeuer.

»Wissen Sie, Oberst«, sagte er,»ich war in dieser kleinen Kammer dort eingeschlossen und erledigte eine Schreibarbeit, als ich ein Paar Füße auf diesem Korridor einen Tanz vollführen hörte, der so merkwürdig war wie der Totentanz selbst. Zuerst hörte ich schnelle, lustige, kleine Schritte, als liefe jemand auf Zehenspitzen um die Wette; dann waren es langsame, sorglose, knarrende Schritte, wie die eines beleibten Mannes, der Zigarre rauchend umherspaziert. Beide Geräusche aber stammten von ein und derselben Person, das schwöre ich, und sie wechselten einander ab; erst das Laufen, dann das Gehen, dann wieder das Laufen. Ich dachte mir anfangs wenig dabei, dann stellte ich wilde Vermutungen an, warum ein einziger Mann gleichzeitig diese zwei Rollen spielte. Die eine Gangart kannte ich, sie war genau wie Ihre, Oberst. Es war der Gang eines wohlgenährten Gentleman, der auf etwas wartet, der umherschlendert, nicht weil ihn geistige Ungeduld treibt, sondern weil er von körperlicher Munterkeit ist. Ich wusste, dass ich auch den anderen Gang kannte, mir fiel nur nicht ein, was es war. Welchem unzivilisierten Geschöpf war ich auf meinen Reisen begegnet, das auf so außergewöhnliche Weise auf Zehenspitzen dahinjagte? Dann hörte ich irgendwo das Klirren von Tellern; und plötzlich stand mir die Antwort so deutlich vor Augen wie der Petersdom. Es war der Gang eines Kellners – den Oberkörper nach vorn gebeugt, den Blick gesenkt, mit den Zehen den Boden hinter sich wegdrückend, mit fliegenden Rockschößen und wehender Serviette. Dann überlegte ich weitere anderthalb Minuten. Und ich glaube, ich durchschaute das Verbrechen in all seinen Einzelheiten so klar, als beginge ich es selbst.«

Oberst Pound sah ihn durchdringend an, doch die milden grauen Augen des Erzählers waren mit nahezu ausdrucksloser Nachdenklichkeit zur Decke gerichtet.

»Ein Verbrechen«, sagte der Priester langsam, »ist wie jedes andere Kunstwerk. Sehen Sie mich nicht so erstaunt an, Verbrechen sind keineswegs die einzigen Kunstwerke, die in einer teuflischen Werkstatt entstehen. Aber jedes Kunstwerk, sei es göttlich oder teuflisch, hat ein unverwechselbares Kennzeichen – das heißt, es hat einen einfachen Kern, wie schwierig die Ausführung auch sein mag. Nehmen wir *Hamlet* zum Beispiel: die Absurdität des Totengräbers, die Blumen der wahnsinnigen Ophelia, Osriks phantastischer Schmuck, die Blässe des Geistes, das Grinsen des Totenschädels; all diese Absonderlichkeiten sind wie ein Drahtgewirr um die einfache, tragische Gestalt eines Mannes in Schwarz geflochten. Nun, auch dies«, sagte er lächelnd, indem er sich langsam vom Garderobentisch gleiten ließ, »auch dies ist die einfache Tragödie eines Mannes in Schwarz. Ja«, fuhr er fort, als er den Oberst verwundert aufblicken sah, »die ganze Geschichte dreht sich um einen schwarzen Rock. Auch hier gibt es, wie im *Hamlet*, überflüssige Schnörkel – Sie selbst zum Beispiel. Wir haben einen toten Kellner, der anwesend war, wo er gar nicht anwesend sein konnte. Wir haben eine unsichtbare Hand, die das Silber von Ihrem Tisch nahm und sich dann in Luft auflöste. Aber jedes geschickt ausgeführte Verbrechen beruht letztlich auf irgendeiner ganz simplen Tatsache; einer Tatsache, die nichts Geheimnisvolles an sich hat. Das Geheimnisvolle entsteht, wenn man die Tatsache verschleiert, wenn man die Gedanken der Menschen auf etwas anderes lenkt. Dieses große, raffiniert eingefädelte und (bei günstigem Verlauf) höchst einträgliche Verbrechen gründete auf der schlichten Tatsache, dass der Frack eines Gentleman dem eines Kellners gleicht. Alles übrige war Schauspielerei, und eine bemerkenswert gute dazu.«

Der Oberst stand auf und betrachtete stirnrunzelnd seine Schuhe. »Ich fürchte, ich verstehe noch immer nicht ganz.«

»Oberst«, erklärte Pater Brown, »ich sage Ihnen, dieser Erzengel an Frechheit, der Ihre Gabeln gestohlen hat, ging zwanzigmal im Strahl all dieser Lampen und vor aller Augen diesen Korridor auf und ab. Er ging nicht hin und verbarg sich in dunklen

Ecken, wo man einen Verdächtigen am ehesten vermuten würde. Er spazierte ständig in beleuchteten Gängen herum, und überall, wohin er ging, schien er dies mit Recht zu tun. Fragen Sie mich nicht, wie er aussah; Sie selbst haben ihn heute Abend sechs- oder sieben Mal gesehen. Sie warteten zusammen mit den anderen hohen Herren in der Empfangshalle am Ende dieses Korridors, der direkt auf die Terrasse führt. Wann immer er unter ihnen war, bediente er sie in der flinken Art eines Kellners, mit gesenktem Kopf, wehender Serviette und eiligem Schritt. Er schoss hinaus auf die Terrasse, machte sich an der Tischdecke zu schaffen und stürzte wieder zurück zum Büro und zu den Räumen der Kellner. Sobald er sich unter den Augen des Bürovorstehers und der Kellner befand, verwandelte er sich mit jedem Zoll seines Körpers, mit jeder unwillkürlichen Geste in einen anderen Menschen. Mit jener gedankenlosen Überheblichkeit, die sie von all ihren Herren gewohnt sind, schlenderte er unter den Kellnern umher. Ihnen war es nichts Neues, dass irgendein Stenz von der Dinnergesellschaft in allen Teilen des Hauses herumrannte wie ein Tier im zoologischen Garten; sie wissen, dass für diese Snobs nichts typischer ist als die Angewohnheit, überall dort herumzustrolchen, wo es ihnen gerade passt. War er des Lustwandelns auf diesem Korridor ausreichend müde, kehrte er um und eilte am Büro vorbei zurück; im Schatten des Gewölbegangs kurz dahinter verwandelte er sich wie durch Zauberkraft und begab sich, nun wieder ganz gehorsamer Diener, eiligst zu den ›Zwölf Fischern‹. Warum sollten die feinen Herrschaften einen x-beliebigen Kellner beachten? Warum sollten die Kellner einen erstklassigen, umherspazierenden Gentleman verdächtigen? Ein- oder zweimal ließ er sich zu tollen Streichen hinreißen. In den Privaträumen des Besitzers verlangte er unbekümmert nach einer Flasche Sodawasser und sagte, er habe Durst. Gönnerhaft erbot er sich, sie selbst zu tragen, und tat es: Er trug sie rasch und vorbildlich unmittelbar an Ihnen allen vorbei, ein Kellner mit einem offensichtlichen Auftrag. Natürlich wäre es unmöglich gewesen, die Maskerade lange aufrechtzuerhalten, aber sie war ja nur bis zur Beendigung des Fischgangs nötig.

Der heikelste Moment war der, als alle Kellner in einer Reihe standen, doch selbst da brachte er es fertig, sich an einer Ecke so an die Wand zu lehnen, dass ihn in diesem entscheidenden Moment die Kellner für einen Gentleman und die feinen Herren für einen Kellner hielten. Der Rest war ein Kinderspiel. Hätte irgendein Kellner ihn weitab vom Tisch erwischt, wäre ihm lediglich ein gelangweilter Aristokrat ins Netz gegangen. Er musste nur pünktlich zur Stelle sein, nämlich zwei Minuten, bevor der Fischgang abgetragen wurde, sich in einen flinken Diener verwandeln und den Fischgang selbst vom Tisch räumen. Er stellte die Teller auf einer Anrichte ab, stopfte das Silber in seine Brusttasche, die danach leicht ausgebeult war, und rannte wie ein Hase (ich hörte ihn kommen), bis er die Garderobe erreichte. Dort musste er nur abermals den Plutokraten spielen – einen Plutokraten, der unerwartet zu dringenden Geschäften abberufen wurde –, musste dem Garderobier seine Marke geben und ebenso elegant wieder hinausgehen, wie er hereingekommen war. Nur… nur zufällig war ich der Garderobier.«

»Was haben Sie mit ihm angestellt?«, rief der Oberst mit ungewohnter Heftigkeit. »Was hat er Ihnen erzählt?«

»Verzeihen Sie«, sagte der Priester ungerührt, »aber hier endet die Geschichte.«

»Und die eigentlich interessante Geschichte beginnt«, brummte Pound. »Ich glaube, sein Gaunerstück verstehe ich jetzt. Aber Ihres habe ich scheinbar noch immer nicht begriffen.«

»Ich muss jetzt gehen«, sagte Pater Brown.

Gemeinsam gingen sie den Korridor entlang in die Eingangshalle, wo sie das frische, sommersprossige Gesicht des Herzogs von Chester entdeckten, der mit federnden Schritten auf sie zukam.

»Kommen Sie, Pound«, rief er atemlos. »Ich habe Sie überall gesucht. Das Dinner nimmt ganz prächtig seinen Fortgang, und der alte Audley soll zu Ehren der geretteten Gabeln eine Rede halten. Wir wollen eine neue Zeremonie einführen, wissen Sie. Zum Andenken an das Ereignis. Eigentlich haben Sie das Gedeck ja wiederbeschafft, was schlagen Sie vor?«

»Nun«, erwiderte der Oberst und musterte ihn mit einer gewissen hämischen Zustimmung, »ich würde vorschlagen, wir tragen in Zukunft grüne Fräcke anstelle der schwarzen. Man weiß nie, welche Missverständnisse entstehen können, wenn man einem Kellner so sehr gleicht.«

»Ach, zum Henker!«, wehrte der junge Mann ab. »Ein Gentleman sieht niemals wie ein Kellner aus.«

»Und kein Kellner vermutlich wie ein Gentleman«, erwiderte Oberst Pound mit dem gleichen herablassenden Lächeln wie zuvor. »Hochwürden, Ihr

Freund muss sehr gerissen gewesen sein, um den Gentleman zu spielen.«

Pater Brown knöpfte seinen ganz gewöhnlichen Mantel bis zum Hals zu, denn es war eine stürmische Nacht, und nahm seinen ganz gewöhnlichen Schirm aus dem Ständer.

»Tja«, meinte er, »es macht sicher ein gutes Stück Arbeit, ein Gentleman zu sein, aber wissen Sie, ich habe manchmal gedacht, dass es vielleicht fast genauso mühselig ist, ein Kellner zu sein.«

Und mit einem »Guten Abend« stieß er die schweren Türen dieses Vergnügungspalastes auf. Die goldenen Pforten fielen hinter ihm ins Schloss, und mit forschen Schritten durcheilte er die feuchten, dunklen Straßen auf der Suche nach einem billigen Omnibus.

DAS PARADIES DER DIEBE

Der große Muscari, der originellste unter den jungen toskanischen Poeten, ging beschwingt in sein Lieblingsrestaurant, das über das Mittelmeer hinausblickte, von einer Markise beschattet und von kleinen Zitronen- und Orangenbäumen umsäumt war. Kellner in weißen Schürzen verteilten auf weißen Tischen bereits die unverkennbaren Anzeichen eines frühen und eleganten Mittagessens; und das schien sein Hochgefühl, das ohnehin schon ans Prahlerische grenzte, noch zu steigern. Muscari hatte eine Adlernase wie Dante; Haar und Krawatte waren dunkel und wallend; er trug einen schwarzen Mantel, hätte aber ebenso gut eine schwarze Augenlarve tragen können, so sehr umgab ihn das Fluidum eines venezianischen Melodrams. Er verhielt sich, als hätte ein Troubadour noch immer eine ernstzunehmende soziale Stellung, wie ein Bischof. Soweit es sein Jahrhundert erlaubte, spazierte er buchstäblich wie Don Juan mit Degen und Gitarre durch die Welt.

Denn er reiste nie ohne einen Kasten voller Degen, mit denen er zahlreiche glänzende Duelle ausgefochten hatte, und nie ohne einen dazu passenden Kasten für seine Mandoline, mit der er tatsächlich Miss Ethel Harrogate, der reichlich konventionellen Tochter eines Bankiers aus Yorkshire, ein Ständchen gebracht hatte, die sich hier auf Ferienreise befand. Trotzdem war er weder ein Scharlatan noch ein Kindskopf, sondern ein heißblütiger, logisch denkender Südländer, der immer etwas begehrte und begehrenswert war. Seine Poesie war ebenso geradlinig wie anderer Leute Prosa. Sein Verlangen nach Ruhm und Wein und der Schönheit von Frauen war von derart glühender Unmittelbarkeit, wie sie unter den trüben Idealen oder den trüben Kompromissen des Nordens nicht vorstellbar ist. Für einen dumpferen Menschenschlag roch seine Intensität nach Gefahr oder sogar Verbrechen. Wie Feuer oder das Meer war er zu klar, als dass man ihm hätte trauen mögen.

Der Bankier und seine schöne englische Tochter wohnten in jenem Hotel, das zu Muscaris Restaurant gehörte; deshalb war es sein Lieblingsrestaurant. Ein rascher Blick durch das Lokal verriet ihm jedoch sogleich, das die englische Gesellschaft noch nicht nach unten gekommen war. Das Restaurant war belebt, aber noch verhältnismäßig leer. An einem Tisch in einer Ecke unterhielten sich zwei Priester, doch Muscari (ein leidenschaftlicher Katholik) schenkte ihnen nicht mehr Beachtung als einem Paar Krähen. Da erhob sich von einem noch weiter entfernten Tisch, der halb von einem Zwergbaum verdeckt war, der vor lauter Orangen golden leuchtete, eine Person, deren Kleidung in krassem Gegensatz zu der des Dichters stand, und schritt auf ihn zu.

Die Gestalt war in buntkarierten Tweed gekleidet und trug eine rosarote Krawatte, einen steifen Kragen und leuchtendgelbe Schuhe. Entsprechend der wahren Tradition von 'Arry in Margate* gelang es der Person, extrem auffällig und gewöhnlich in einem auszusehen. Sobald aber diese Cockney-Erscheinung näher kam,

---

*   Margate war einst ein berühmtes britisches Seebad; auf seiner viktorianischen Seepromenade, die 1978 durch einen Sturm zerstört wurde, flanierten die Reichen und Berühmten des nahe gelegenen London. Anm. d. Ü.

stellte Muscari voller Verblüffung fest, das sich der Kopf ganz deutlich vom Körper unterschied. Es war ein italienischer Kopf, kraushaarig, dunkel, mit äußerst lebhaftem Mienenspiel, der sich da unvermittelt aus dem steifen Kragen, der aussah wie Pappe, und der lächerlichen rosa Krawatte erhob. Es war sogar ein Kopf, den er kannte. Trotz der ganzen grässlichen Zurschaustellung englischer Ferientracht erkannte er darin das Gesicht eines alten, lange vergessenen Freundes namens Ezza. Dieser junge Mann war im College ein Wunderkind gewesen, und dem kaum Fünfzehnjährigen war der Ruhm Europas prophezeit worden. Doch als er die Bühne der Welt betrat, versagte er, zunächst öffentlich als Dramatiker und Demagoge, dann endlose Jahre lang privat als Schauspieler, Handlungsreisender, Agent und Journalist. Zuletzt hatte Muscari ihn hinter dem Rampenlicht gesehen; er war nur allzu vertraut mit den Verlockungen dieses Berufs gewesen, und man glaubte, dass ein seelisches Unheil irgendwelcher Art ihn ruiniert habe.

»Ezza!«, rief der Dichter, sprang auf und schüttelte ihm in freudigem Erstaunen die Hand. »Also, ich habe dich ja schon in vielen Kostümen im grünen Salon gesehen, aber nie hätte ich erwartet, dich im Aufzug eines Engländers anzutreffen.«

»Das«, entgegnete Ezza feierlich, »ist nicht die Kleidung eines Engländers, sondern die Kleidung des Italieners der Zukunft.«

»In dem Fall«, bemerkte Muscari, »gestehe ich, dass mir der Italiener der Vergangenheit lieber ist.«

»Das ist dein alter Fehler, Muscari«, erwiderte der Mann in Tweed und schüttelte den Kopf. »Und der Fehler Italiens. Im sechzehnten Jahrhundert waren wir Toskaner der Morgenstreif. Wir hatten den modernsten Stahl, die modernste Schnitzkunst, die modernste Chemie. Warum sollten wir jetzt nicht die modernsten Fabriken, die modernsten Motoren, das modernste Finanzsystem haben – und die neueste Mode?«

»Weil es sich nicht lohnt, sie zu haben«, antwortete Muscari. »Du kannst die Italiener nicht zu Fortschrittsmenschen machen, dafür sind sie zu intelligent. Wer einmal die Abkürzung zum angenehmen Leben gefunden hat, wird niemals die neu ausgebauten Straßen betreten.«

»Nun, für mich ist Marconi, oder D'Annunzio,* der Stern Italiens«, versetzte der andere. »Aus diesem Grund bin ich Futurist geworden – und Fremdenführer.«

»Ein Fremdenführer!«, lachte Muscari. »Ist das das Neueste auf deiner Berufsliste? Und wen führst du derzeit?«

»Oh, einen Mann namens Harrogate und seine Familie, glaube ich.«

»Doch nicht den Bankier, der hier im Hotel wohnt?«, fragte der Dichter lebhaft.

»Genau der«, antwortete der Fremdenführer.

»Wird das denn gut bezahlt?«, fragte der Troubadour unschuldig.

»Für mich reicht es«, meinte Ezza mit einem sehr rätselhaften

---

* Guglielmo Marconi (1874–1937), ital. Ingenieur und Physiker; Gabriele D'Annunzio (1863–1938), ital. Dichter. Anm. d. Ü.

Lächeln. »Aber ich bin ein recht fremdartiger Fremdenführer.«
Dann, als wolle er rasch das Thema wechseln, sagte er unvermittelt: »Er hat eine Tochter – und einen Sohn.«

»Die Tochter ist ein göttliches Geschöpf«, bestätigte Muscari.

»Vater und Sohn, vermute ich, sind menschliche Wesen. Seine
harmlosen guten Eigenschaften sehe ich als gegeben an, aber erscheint dir der Bankier nicht als glänzendes Beispiel für meinen
Einwand? Harrogate hat Millionen in seinem Safe, und ich… ich
habe nur ein Loch in der Tasche. Aber du wirst nicht behaupten
wollen – du kannst einfach nicht sagen, dass er gescheiter sei als
ich, oder mutiger oder auch nur tatkräftiger. Er ist nicht klug; er
hat Augen wie blaue Knöpfe; er ist nicht tatkräftig, er schleppt sich
wie ein Gelähmter von Stuhl zu Stuhl. Er ist ein gewissenhafter,
freundlicher alter Schafskopf; aber hat einen Haufen Geld, und
zwar aus dem einfachen Grund, dass er es sammelt, wie ein Junge
Briefmarken sammelt. Du bist zu eigensinnig für das Geschäftsleben, Ezza. Du wirst es nicht weit bringen. Um klug genug zu sein,
um an all das Geld heranzukommen, müsste man dumm genug
sein, es zu wollen.«

»Ich bin dumm genug dafür«, entgegnete Ezza düster. »Ich würde
allerdings vorschlagen, deine Kritik an dem Bankier zu vertagen –
da kommt er.«

Mr. Harrogate, der große Finanzier, betrat in diesem Augenblick
tatsächlich den Raum, doch niemand beachtete ihn. Er war ein
massiger, älterer Mann mit wässrigen blauen Augen und einem
verblichenen, graugelben Schnurrbart; man hätte ihn für einen
Oberst halten können, wenn er nicht so gebeugt gegangen wäre. Er
trug einige ungeöffnete Briefe in der Hand. Sein Sohn Frank war
wirklich ein hübscher Kerl, mit lockigem Haar, braungebrannt
und lebhaft; doch auch ihn nahm niemand wahr. Aller Augen
nämlich waren – zumindest für den Augenblick – wie gewöhnlich
auf Ethel Harrogate gerichtet, deren goldgelockter, griechisch ge

formter Kopf und deren Teint, der an die Farben der Morgenröte erinnerte, sich scheinbar absichtsvoll gegen das saphirblaue Meer wie das Bildnis einer Göttin abhoben. Der Dichter Muscari holte tief Luft, als würde er sich an etwas laben, was er ja auch tat. Er labte sich an der klassischen Antike, die seine Vorfahren geschaffen hatten. Ezza betrachtete sie ähnlich eindringlich, wirkte aber weitaus verwirrter.

Miss Harrogate war außerordentlich strahlend und bereit, sich auf eine Unterhaltung einzulassen; und ihre Familie hatte sich den ungezwungeneren kontinentalen Umgangsformen angepasst und gestattete es dem Fremden Muscari und selbst dem Fremdenführer, ihre Tafel und ihr Gespräch zu teilen. In Ethel Harrogate vereinte sich Gewöhnlichkeit mit einem Glanz und einer Vollkommenheit ganz eigener Art. Sie war auf den Wohlstand ihres Vaters stolz, liebte elegante Vergnügungen, war ergebene Tochter und durchtriebene Kokette, und all das verband sich bei ihr mit einer einmaligen Gutmütigkeit, die eben diesen Stolz so angenehm und ihre gesellschaftliche Stellung zu einer herzerfrischenden Angelegenheit werden ließ.

Die drei waren in heller Aufregung über angebliche Gefahren, die auf einem Gebirgspfad lauern sollten, den sie sich für diese Woche vorgenommen hatten. Die Gefahr ging nicht von Felsen oder Lawinen aus, sondern von etwas wesentlich Romantischerem. Man hatte Ethel ernsthaft weisgemacht, dass Straßenräuber, die wahren Halsabschneider zeitgenössischer Legende, auf diesem Gebirgskamm noch immer ihr Unwesen trieben und diesen Pass der Apenninen beherrschten.

»Man erzählt, dass die ganze Region nicht vom König von Italien, sondern vom König der Diebe beherrscht wird. Wer ist denn der König der Diebe?«, rief sie mit dem schaudernden Wohlbehagen eines Schulmädchens.

»Ein großer Mann«, erwiderte Muscari, »der sich ohne weiteres mit Ihrem Robin Hood messen kann, Signorina. Zum ersten Mal hörte man von Montano, dem König der Diebe, in den Bergen vor etwa zehn Jahren, zu einer Zeit, als alle davon überzeugt waren, Räuber seien ausgerottet. Aber seine entfesselte Macht griff um sich mit der Geschwindigkeit einer stillen Revolution. In jedem Bergnest fand man seine leidenschaftlichen Proklamationen angeschlagen; in jeder Bergschlucht lauerten seine Wachposten, das Gewehr in der Hand. Sechsmal versuchte die italienische Regierung, ihn auszuheben, und sechsmal wurde sie in regelrechten Schlachten wie von Napoleon zurückgeschlagen.«

»Also, so etwas«, stellte der Bankier mit Nachdruck fest, »wäre in England niemals gestattet. Vielleicht sollten wir am Ende doch lieber eine andere Route wählen. Der Fremdenführer meint allerdings, der Weg sei vollkommen sicher.«

»Er ist vollkommen sicher«, bestätigte der Fremdenführer verächtlich. »Ich selbst bin zwanzig Mal über diesen Pass gegangen. Zu Großmutters Zeiten mag es einen alten Galgenvogel gegeben haben, den man König nannte, aber er gehört längst der Geschichte an, wenn nicht überhaupt der Fabel. Straßenräuberei ist heutzutage vollständig ausgerottet.«

»Man kann sie niemals vollständig ausrotten«, mischte sich Muscari ein, »denn der bewaffnete Aufstand liegt dem Südländer im Blut. Unsere Bauern sind wie die Berge, reich an Anmut und unbedarfter Heiterkeit, aber mit vulkanischem Feuer unter der Oberfläche. Es gibt einen äußersten Grad an Verzweiflung, bei dem die Armen des Nordens zur Flasche greifen – unsere Armen greifen zum Dolch.«

»Ein Dichter ist privilegiert«, erwiderte Ezza mit einem spöttischen Lächeln. »Wäre Signor Muscari ein Engländer, er würde selbst in Wandsworth Wegelagerer vermuten. Glauben Sie mir, in Italien gefangen genommen zu werden, ist ebenso unwahrscheinlich, wie in Boston skalpiert.«

»Dann schlagen Sie weiterhin vor, den Versuch zu wagen?«, fragte Mr. Harrogate stirnrunzelnd.

»Oh, es klingt so schrecklich aufregend«, rief das Mädchen und blickte Muscari mit seinen herrlichen Augen an. »Glauben Sie wirklich, der Pass ist gefährlich?«

Muscari warf seine schwarze Mähne zurück. »Ich weiß, dass er gefährlich ist«, sagte er. »Ich selbst werde ihn morgen überschreiten.«

Während die Schöne sich in Begleitung des Bankiers, des Fremdenführers und des Poeten entfernte und dabei silberhell klingende Spottreden von sich gab, blieb der junge Harrogate für einen Augenblick zurück, um ein Glas Weißwein zu leeren und sich eine Zigarette anzuzünden. Etwa zur gleichen Zeit erhoben sich die beiden Priester in der Ecke. Der größere von beiden, ein weißhaariger Italiener, verabschiedete sich. Der kleinere drehte sich um und näherte sich dem Sohn des Bankiers, der erstaunt feststellte, dass der Priester zwar katholisch, aber ein Engländer war. Er erinnerte sich vage, dem Priester auf größeren Gesellschaften bei einigen seiner katholischen Freunde bereits begegnet zu sein. Der Mann sprach ihn jedoch an, ehe er seine Gedanken sammeln konnte.

»Mr. Frank Harrogate, wenn ich mich nicht irre«, sagte der Priester. »Wir sind einander bereits vorgestellt worden, darauf möchte ich mich aber lieber nicht berufen. Das Sonderbare, das ich Ihnen mitzuteilen habe, kommt besser von einem Fremden. Mr. Harrogate, ich sage nur ein Wort, dann gehe ich: Kümmern Sie sich um Ihre Schwester in der Stunde Ihrer Not.«

Obwohl Frank zu seiner Schwester ein wahrhaftig brüderliches Verhältnis hatte, schien ihr strahlender Glanz und Übermut auch in ihm noch nachzuklingen und zu sprühen; er konnte ihr Lachen vom Hotelgarten herüberhören und starrte seinen düsteren Ratgeber völlig verwirrt an.

»Meinen Sie die Räuber?«, fragte er, entsann sich dann aber einer vagen Befürchtung seinerseits und sagte: »Oder denken Sie etwa an Muscari?«

»Man hat nie das eigentliche Unglück vor Augen«, sagte der seltsame Priester. »Man kann nur gütig sein, wenn es eintrifft.«

Und damit eilte er aus dem Raum und ließ sein Gegenüber fast offenen Munds zurück.

Ein oder zwei Tage später kroch und schlingerte eine Kutsche mit der kleinen Reisegesellschaft die Ausläufer der bedrohlichen Gebirgskette empor. Hin- und hergerissen zwischen Ezzas leichtherzigem Leugnen der Gefahr und Muscaris prahlerischer Missachtung derselben, war die Bankiersfamilie ihren ursprünglichen Absichten treu geblieben. Und Muscari sorgte dafür, dass seine Reise durch die Berge mit der ihren zusammenfiel. Etwas unvermuteter hingegen war das Auftauchen des kleinen Priesters aus dem Restaurant an einer Station der Küstenstadt; er brachte lediglich vor, dass Geschäfte ihn zwängen, ebenfalls das Gebirge zu durchqueren. Der junge Harrogate konnte jedoch nicht umhin, seine Anwesenheit mit den geheimnisvollen Befürchtungen und Warnungen des gestrigen Tages in Verbindung zu bringen.

Die Kutsche war eine Art geräumiger Planwagen, ein Einfall der modernistischen Ader des Fremdenführers, der die Expedition mit systematischer Betriebsamkeit und sprudelndem Witz dominierte. Die mögliche Gefahr durch Diebe wurde aus Rede und Gedanken verbannt, man gab ihr nur insoweit nach, als man formell für minimalen Schutz sorgte. Der Fremdenführer und der junge Bankier trugen geladene Pistolen, und Muscari (mit reichlich jungenhaftem Spaß an der Sache) hatte unter seinem schwarzen Mantel eine Art Machete umgeschnallt.

Er hatte sich mit einem großen Satz neben die entzückende Engländerin platziert, auf der anderen Seite neben ihr saß der Priester, der Brown hieß und glücklicherweise ein schweigsamer Zeitgenosse war. Fremdenführer, Vater und Sohn nahmen die rückwärtige Bank ein. Muscari befand sich in überschäumender Laune, er glaubte ernsthaft an die Gefahr, und sein Gerede hätte Ethel glauben machen können, sie habe es mit einem Verrückten zu tun. Doch in der halsbrecherischen und überwältigend schönen Kutschfahrt, zwischen Felswänden so hoch wie Berggipfel, mit Wäldern bedeckt wie mit Obstgärten, lag etwas, das Ethels Seele gemeinsam mit der seinen zu purpurfarbenen, schrillen Himmeln voller kreiselnder Sonnen emporhob. Die helle Bergstraße wand sich nach oben wie eine weiße Katze; lichtlose Abgründe überspannte sie wie ein straff gezogenes Seil; weit entfernte Landspitzen umschlang sie wie ein Lasso.

Doch wie hoch sie auch kamen, die Ödnis blühte wie ein Rosengarten. Die Felder schillerten in Sonne und Wind in den Farben des Eisvogels, des Papageien und des Kolibris, im Schimmer von

Hunderten blühender Blumen. Es gibt keine lieblicheren Wiesen und Wälder als die englischen, keine erhabeneren Bergrücken oder Schluchten als jene von Snowdon und Glencoe. Doch niemals zuvor hatte Ethel Harrogate südliche Gärten auf nördlichen Bergzacken thronen sehen; niemals die Klamm von Glencoe überladen mit Früchten von Kent. Nichts zeugte hier von dem Schauder und der Trostlosigkeit, die man in Britannien mit der wilden Szenerie des Berglands verbindet. Die Landschaft wirkte eher wie ein mosaikartiger Palast, von Erdbeben zerspalten, oder wie ein holländischer Tulpengarten, den man mit Sprengstoff zu den Sternen befördert hatte.

»Es sieht aus wie Kew Gardens auf Beach Head«, bemerkte Ethel.

»Das ist unser Geheimnis«, erwiderte Muscari, »das Geheimnis des Vulkans, das gleichzeitig das Geheimnis der Revolution ist – dass etwas gewaltsam und doch fruchtbar sein kann.«

»Sie selbst sind ziemlich gewaltsam«, sagte sie mit einem Lächeln.

»Und dennoch recht unfruchtbar«, gab er zu. »Sollte ich heute Nacht sterben, dann sterbe ich unverheiratet und als ein Narr.«

»Meine Schuld ist es nicht, dass Sie mitgekommen sind«, entgegnete sie nach einem bedrückten Schweigen.

»Es ist niemals Ihre Schuld«, antwortete Muscari. »Es war ja auch nicht Ihre Schuld, dass Troja fiel.«

Noch während er sprach, fuhren sie unter überhängenden Felsen hindurch, die sich gleichsam wie Flügel über eine ausnehmend gefährliche Stelle breiteten. Die Pferde tänzelten verängstigt, verschreckt durch den breiten Schatten über dem schmalen Wegrand. Der Kutscher sprang ab, um sie am Zügel zu führen, doch sie waren nicht im Zaum zu halten. Ein Pferd stieg zu seiner vollen Höhe auf – jener titanischen und furchterregenden Höhe eines Pferdes, das sich in einen Zweibeiner verwandelt. Das genügte, um die ganze Kutsche aus dem Gleichgewicht zu bringen; sie krängte wie ein Schiff und brach durch das Randgebüsch über dem Abgrund. Muscari schlang seinen Arm um Ethel, die sich an ihn klammerte und laut schrie. Das waren die Augenblicke, für die er lebte.

Im gleichen Moment, als sich die prächtigen Bergwände wie eine purpurfarbene Windmühle um den Kopf des Poeten drehten, geschah etwas, das zunächst noch viel alarmierender wirkte. Der bejahrte und schwerfällige Bankier richtete sich blitzschnell senkrecht in der Kutsche auf und sprang über den Abgrund, noch ehe der umgestürzte Wagen ihn dorthin befördern konnte. Auf den ersten Blick schien es wie ein überstürzter Selbstmord; doch auf den zweiten erwies sich sein Verhalten als so vernünftig wie eine sichere Kapitalanlage. Der Mann aus Yorkshire verfügte offensichtlich über mehr Geistesgegenwart und Klugheit, als Muscari ihm zugetraut hätte. Denn er landete genau auf einem schmalen Streifen Land, der wie eigens mit Gras und Klee gepolstert schien, um seinen Sturz abzufangen. Wie es der Zufall wollte, war die ganze Gesellschaft bei Gott in einer ebenso glücklichen Lage, auch wenn ihr Entrinnen weniger würdevoll war. Unmittelbar unter der scharfen Straßenkurve befand sich nämlich eine mit Gras und Blumen bewachsene Mulde, wie eine eingesunkene Wiese, eine Art grüne Samttasche in den langen, grünen Schleppgewändern der Berge. Dorthin wurden sie alle gestoßen und geschleudert, ohne großen Schaden zu nehmen, lediglich ihre kleinsten Gepäckstücke und der Inhalt ihrer Taschen waren weit im Gras umher verstreut. Die umgestürzte Kutsche hing nach wie vor oben, im dichten Gestrüpp verfangen, und die Pferde stürzten sich mühevoll den Hang hinunter. Der Erste, der sich aufsetzte, war der kleine Priester, der sich mit dümmlich erstauntem Gesichtsausdruck am Kopf kratzte. Frank Harrogate hörte, wie er vor sich hin murmelte: »Warum um alles in der Welt sind wir gerade hier abgestürzt?«

Blinzelnd betrachtete er das Durcheinander um ihn herum und entdeckte seinen eigenen, höchst uneleganten Regenschirm. Darüber lag der breite Sombrero, der Muscari vom Kopf gefallen war, und daneben ein versiegelter Geschäftsbrief, den er nach einem Blick auf die Anschrift dem älteren Harrogate zurückgab. Zu seiner anderen Seite verbarg ein Grasbüschel zum Teil Miss Ethels Sonnenhut, und direkt darüber lag eine seltsame kleine Glasflasche, die keine zwei Zoll lang war. Der Priester nahm sie an sich; rasch und unauffällig entkorkte er sie und roch am Inhalt. Sein sorgenvolles Gesicht wurde aschfahl.

»Gott bewahre!«, murmelte er. »Das kann doch nicht ihres sein! Hat sie ihre Not schon jetzt überkommen?« Er ließ das Fläschchen in seine Westentasche gleiten. »Ich glaube, ich bin dazu berechtigt«, sagte er, »zumindest, bis ich mehr weiß.«

Bekümmert blickte er zu dem Mädchen hinüber, das in diesem Moment von Muscari aus den Blumen geborgen wurde, der meinte: »Wir sind in den Himmel gefallen; das ist ein Zeichen. Sterbliche klettern empor und stürzen nieder; nur Götter und Göttinnen können aufwärts fallen.«

Und wirklich bot sie einen derart schönen und glücklichen Anblick, als sie aus dem Farbenmeer auftauchte, dass der Priester spürte, wie sein Verdacht erschüttert und zerstreut wurde. »Vielleicht gehört das Gift ja gar nicht ihr, wahrscheinlich ist es nur einer von Muscaris Taschenspielertricks«, dachte er bei sich.

Muscari half der Dame anmutig auf die Beine, verbeugte sich vor ihr mit einem übertriebenen Komödiantenbückling, zog seine Machete hervor und drosch damit heftig auf die gespannten Zügel der Pferde ein, bis diese sich befreit aufrappelten und zitternd im Gras standen. Kurz darauf ereignete sich ein bemerkenswerter Vorfall. Ein ärmlich gekleideter, von der Sonne ungewöhnlich verbrannter Mann trat stumm aus den Büschen hervor und nahm die Pferde am Halfter. Er trug ein seltsam geformtes, sehr breites und

krummes Messer am Gürtel. Weiter war nichts Ungewöhnliches an ihm, nur sein plötzliches und wortloses Erscheinen. Der Dichter fragte ihn, wer er sei, aber er gab keine Antwort.

Muscari ließ seinen Blick über die bestürzte und verdutzte Gruppe in der Mulde schweifen und entdeckte plötzlich einen zweiten sonnengebräunten und zerschlissen wirkenden Mann mit einem kurzen Gewehr unter dem Arm, der von einem Felsvorsprung unter der Mulde zu ihnen aufsah und dabei die Ellbogen in die Grasnarbe stützte. Dann blickte er zu der Straße hinauf, von der sie abgestürzt waren, und sah in die Mündungen von vier weiteren Karabinern und in ebenso viele braune Gesichter, die mit glänzenden Augen reglos auf sie herunterstarrten.

»Die Räuber!«, rief Muscari in einem Anfall grausiger Heiterkeit aus. »Das war eine Falle. Ezza, wenn du mir den Gefallen tust, den Kutscher als ersten umzulegen, können wir uns den Weg noch immer freihauen. Sie sind nur zu sechst.«

»Der Kutscher«, brummte Ezza, der mit seinen Händen in den Hosentaschen grimmig dastand, »ist zufälligerweise ein Bedienter von Mr. Harrogate.«

»Dann erschieß ihn erst recht!«, schrie der Dichter ungehalten. »Er ist bestochen worden, um seinen Herrn zu stürzen. Danach nehmen wir die Lady in die Mitte und brechen mit einem Handstreich durch die Linie da oben.«

Furchtlos ging er auf die vier Karabiner zu, durch hohes Gras und Blumen watend; doch als er feststellte, dass ihm bis auf den jungen Harrogate niemand folgte, wandte er sich um und schwang seine Machete, um den anderen zu signalisieren, sich ihm anzuschließen. Da sah er, wie der Fremdenführer immer noch ein wenig abseits in der Mitte des Wiesenrunds stand, die Hände in den Hosentaschen. Und sein hageres, spöttisches italienisches Gesicht schien im Abendlicht länger und länger zu werden.

»Du dachtest, ich sei der Versager unter uns Schulkameraden,

Muscari«, knurrte er, »du dachtest, du seist erfolgreich. Aber ich war erfolgreicher als du und nehme einen bedeutenderen Platz in der Geschichte ein. Ich habe die Epen gelebt, während du sie nur zu Papier gebracht hast.«

»Jetzt komm schon!«, rief Muscari dröhnend von oben. »Willst du hier rumstehen und dummes Zeug über dich schwatzen, wenn du eine Frau retten kannst und drei kräftige Männer dir dabei helfen? Als was bezeichnest du dich eigentlich?«

»Ich nenne mich Montano«, rief der seltsame Fremdenführer mit ebenso lauter, volltönender Stimme. »Ich bin der König der Diebe und heiße Sie alle in meiner Sommerresidenz willkommen.«

Während er noch sprach, traten fünf weitere schweigsame Männer aus dem Gebüsch, die Waffen im Anschlag. Sie sahen ihn an und erwarteten seine Befehle. Einer von ihnen hielt ein großes Stück Papier in der Hand.

»Dieses hübsche kleine Nest, in dem wir uns alle gerade ein Stelldichein geben«, fuhr der Fremdenführer und Räuber mit dem gleichen gelassenen und zugleich düsteren Lächeln fort, »ist – zusammen mit ein paar Höhlen darunter – als das Paradies der Diebe bekannt. Es ist meine Stammfestung in diesen Bergen; denn (wie Sie zweifellos bemerkt haben werden) der Adlerhorst ist sowohl von der Straße oben als auch vom Tal aus nicht einzusehen. Er ist nicht nur uneinnehmbar, viel besser als das: er ist unsichtbar. Hier verbringe ich den Großteil meines Lebens, und hier werde ich sicher einmal sterben, sollten mich die Karabinieri jemals aufspüren. Ich gehöre nicht zu den Verbrechern, die ihre Verteidigung wahren, sondern zu der edleren Sorte, die ihre letzte Kugel für sich selbst aufhebt.«

Alle starrten ihn wortlos an wie vom Donner gerührt. Nur Pater Brown nicht, der wie erleichtert tief aufseufzte und die kleine Phiole in seiner Tasche mit den Fingern befühlte. »Gott sei Dank!«, mur-

melte er.»Das ist wesentlich wahrscheinlicher. Das Gift gehört natürlich diesem Räuberhauptmann. Er trägt es bei sich, damit man
ihn wie Cato niemals lebend zu fassen bekommt.«

Der König der Diebe setzte inzwischen seine Rede mit der gleichen bedrohlichen Höflichkeit fort:»Mir bleibt nur noch, meinen
Gästen die sozialen Bedingungen zu erläutern, unter denen ich
das Vergnügen habe, sie hier zu bewirten. Ich brauche das hübsche,
altbekannte Ritual des Lösegelds sicher nicht in allen Einzelheiten
zu erklären, das ich notwendigerweise anwenden muss; im Übrigen betrifft es nur einen Teil der Gesellschaft. Den Reverend
Pater Brown und den gefeierten Signor Muscari werde ich morgen
bei Tagesanbruch freilassen und zu meinen Außenposten geleiten
lassen. Dichter und Priester, Sie werden mir meine einfache Aus-
drucksweise verzeihen, haben nun einmal kein Geld. Von daher
(da es unmöglich ist, irgendetwas aus ihnen herauszuholen) lassen
Sie uns die Gelegenheit nutzen und unsere Bewunderung für klassische Literatur und unsere Verehrung für die heilige katholische
Kirche zum Ausdruck bringen.«

Er hielt mit einem unangenehmen Lächeln inne; Pater Brown
sah ihn mehrmals blinzelnd an und schien plötzlich mit gespannter Aufmerksamkeit zuzuhören. Der Räuberhauptmann nahm seinem Adjutanten das große Stück Papier aus der Hand, warf einen
Blick darauf und fuhr dann fort:»Meine weiteren Absichten gehen
sehr deutlich aus dieser Bekanntmachung hervor, ich will Sie sogleich herumreichen; danach wird sie in jedem Dorf des Tals und
an jeder Weggabelung in den Bergen an einen Baum geschlagen.
Ich möchte Sie mit den Einzelheiten des Wortlauts nicht behelli-
gen, da sie ihn ohne weiteres nachprüfen können. Der ausschlag-
gebende Punkt meiner Bekanntmachung ist folgender: Erstens gebe
ich bekannt, dass sich der englische Millionär, der Finanzmogul
Mr. Samuel Harrogate, in meiner Gewalt befindet. Als nächstes ver-
künde ich, dass ich bei ihm Banknoten und Anleihen im Wert von

zweitausend Pfund gefunden habe, die er mir ausgehändigt hat.

Da es ausgesprochen unmoralisch wäre, einer gutgläubigen Öffentlichkeit Derartiges zu verkünden, ohne dass es tatsächlich geschehen ist, schlage ich vor, die Sache unverzüglich zu erledigen. Ich empfehle Mr. Harrogate senior, mir nun die zweitausend Pfund in seiner Tasche zu übergeben.«

Der Bankier musterte ihn mit zusammengezogenen Augenbrauen, rotgesichtig und mürrisch, aber offensichtlich eingeschüchtert. Der Sprung aus der stürzenden Kutsche schien ihn seiner letzten Manneskraft beraubt zu haben. Als sein Sohn und Muscari heldenhaft versucht hatten, der Räuberfalle zu entkommen, hatte er sich zerknirscht im Hintergrund gehalten. Jetzt bewegte sich seine rote und zitternde Hand widerstrebend in seine Brusttasche und überreichte dem Räuber ein Bündel Papiere und Briefumschläge.

»Bestens!«, rief der Gesetzlose gutgelaunt. »Soweit sind wir uns also einig. Ich komme nun auf die Punkte meiner Proklamation zurück, die demnächst in ganz Italien aushängen. Der dritte Punkt betrifft das Lösegeld. Ich verlange von den Freunden der Familie Harrogate ein Lösegeld in Höhe von dreitausend Pfund – eine Summe, die diese Familie sicherlich nahezu als Beleidigung empfindet, da sie in ihrer Bescheidenheit wohl kaum der Bedeutung der Familie entspricht. Wer würde nicht gern das Dreifache bezahlen, um einen Tag länger in dieser anheimelnden Gesellschaft verbringen zu dürfen? Ich will Ihnen nicht vorenthalten, dass das Dokument mit gewissen juristischen Phrasen endet, die unerfreuliche Dinge beschreiben, die geschehen, wenn das Lösegeld nicht bezahlt wird. Doch in der Zwischenzeit, Ladies und Gentlemen, darf ich Ihnen versichern, dass ich hier mit allen Bequemlichkeiten ausgestattet bin, mit Wein und Zigarren. Seien Sie also für den Moment ganz sportsmännisch herzlich eingeladen, sich den Genüssen im Paradies der Diebe hinzugeben.«

Im gesamten Verlauf dieser Ansprache hatte sich eine derart überwältigend große Anzahl von zweifelhaft aussehenden Männern mit Karabinern und schmutzigen Filzhüten lautlos versammelt, dass selbst Muscari widerwillig zugeben musste, dass ein Ausfall mit dem Degen hoffnungslos wäre. Er sah sich um, aber das Mädchen war bereits zu seinem Vater hinübergegangen, um ihn zu beruhigen und zu trösten, denn seine kindliche Zuneigung für ihn war ebenso stark oder stärker als der etwas hochmütige Stolz auf seinen Erfolg. Mit der Widersprüchlichkeit eines Verliebten bewunderte Muscari diese töchterliche Ergebenheit und war doch zugleich irritiert. Schwungvoll steckte er seine Waffe in die Scheide zurück, entfernte sich und warf sich leicht verstimmt auf eines der Grasbüschel nieder. Der Priester setzte sich kaum zwei Yard weiter neben ihn, und Muscari wandte ihm in einem plötzlichen Anfall von Gereiztheit seine Adleraugen und seine Adlernase zu.

»Und«, rief der Dichter scharf, »halten mich die Herrschaften immer noch für zu romantisch? Gibt es in den Bergen immer noch Räuber oder nicht?«

»Möglich wäre es«, erwiderte Pater Brown vage.

»Was wollen Sie damit sagen?«, schnauzte der andere.

»Ich will damit sagen, dass ich verblüfft bin«, antwortete der Priester. »Ich bin verblüfft über Ezza oder Montano oder wie immer er heißen mag. Er erscheint mir als Räuber noch viel unerklärlicher, als er es in seiner Rolle als Fremdenführer war.«

»Aber wieso?«, beharrte sein Reisegefährte. »Santa Maria! Ich hätte gedacht, der Räuber sei eindeutig genug.«

»Ich stehe vor drei merkwürdigen Umständen«, sagte der Priester mit ruhiger Stimme. »Ich würde gerne Ihre Meinung dazu hören. Zunächst muss ich Ihnen gestehen, dass ich damals ebenfalls in dem Restaurant am Meer gespeist habe. Als Sie alle vier den Saal verließen, gingen Sie und Miss Harrogate plaudernd und lachend voran; der Bankier und der Fremdenführer folgten nach. Sie sprachen nur wenig und ziemlich leise. Ich konnte aber nicht umhin, zu hören, wie Ezza sagte: ›Lassen Sie ihr doch das kleine Vergnügen, Sie wissen, der Schlag kann sie jeden Augenblick zerschmettern.‹ Mr. Harrogate entgegnete nichts, also mussten die Worte etwas bedeuten. Einem spontanen Impuls folgend warnte ich ihren Bruder, dass sie in Gefahr sein könnte. Über die Art der Gefahr sagte ich nichts, da ich keine Ahnung davon hatte. Wenn er damit aber die Gefangennahme in den Bergen gemeint hat, ergibt die Bemerkung keinen Sinn. Warum sollte der räuberische Fremdenführer seinen Auftraggeber warnen – und sei es nur durch einen Wink –, wenn er dadurch seinen ganzen Plan gefährdete, ihn in diese Falle in den Bergen zu locken? Das konnte nicht gemeint sein. Wenn also das nicht, welches andere Unheil, das sowohl dem Fremdenführer als auch dem Bankier bekannt ist, droht dann Miss Harrogate?«

»Unheil über Miss Harrogate?«, stieß der Dichter hervor und setzte sich ungestüm auf. »Erklären Sie sich, sprechen Sie weiter.«

»Alle meine Rätsel drehen sich um unseren Räuberhauptmann«, fuhr der Priester nachdenklich fort. »Hier kommt das zweite. Warum bestand er bei seiner Lösegeldforderung so sehr auf der Tatsache, dass er dem Opfer auf der Stelle zweitausend Pfund abgenommen hat? Das hat doch nicht die geringste Wirkung auf die Herausgabe des Lösegelds. Ganz im Gegenteil: Harrogates Freunde würden viel eher um sein Schicksal bangen, wenn sie die Diebe für arm und verzweifelt hielten. Dennoch hat er den sofortigen Raub besonders betont und an die erste Stelle seiner Forderung gestellt. Warum sollte Ezza Montano so sehr darauf erpicht sein, ganz Europa wissen zu lassen, dass er seinem Opfer die Taschen geleert hat, noch bevor er die Erpressung in Gang setzte?«

»Ich habe keine Ahnung«, erwiderte Muscari und strich sein schwarzes Haar zur Abwechslung einmal ohne affektierte Geste zurück. »Sie glauben vielleicht, mich aufzuklären, aber in Wahrheit führen Sie mich nur tiefer ins Ungewisse. Was wäre der dritte Einwand gegen den König der Diebe?«

»Der dritte Einwand«, sagte Pater Brown, nach wie vor tief in Gedanken, »ist der Platz, an dem wir uns befinden. Warum nennt unser Räuberführer ihn seine Stammfestung und das Paradies der Diebe? Sicher, es ist ein angenehm weicher Fleck, um darauf zu landen, und er ist reizend anzusehen. Es stimmt sicher auch, wie er sagt, dass er vom Tal wie von der Höhe aus unsichtbar und deshalb ein ideales Versteck ist. Aber es ist keine Festung. Es könnte niemals eine Festung sein. Ich glaube, es wäre die unsinnigste Festung auf der ganzen Welt. Denn die Stelle wird ja offenbar von oben beherrscht, durch die Staatsstraße, die über die Berge führt – genau der Ort, an dem die Polizei am ehesten vorbeikommt. Haben uns hier vor etwa einer halben Stunde nicht fünf lumpige, kurzläufige Gewehre in Schach gehalten? Ein Viertel irgendeiner beliebigen Soldatenkompanie hätte uns mühelos über den Abgrund gejagt. Was also hat dieser seltsame kleine Winkel aus Gras und Blumen zu bedeuten? Er ist nicht dazu geeignet, sich zu verschanzen. Er ist etwas anderes; er hat eine andere, sonderbare Bedeutung, irgendeinen Nutzen, den ich nicht begreife. Das Ganze wirkt eher wie eine improvisierte Theaterbühne oder wie ein natürliches Künstlerzimmer, wie die Szenerie zu einer romantischen Komödie, wie…«

Die Worte des kleinen Priesters zogen sich in die Länge und verloren sich in eintöniger und verträumter Wahrheitsliebe. Indessen vernahm Muscari, dessen lebhafte Sinne hellwach und angespannt waren, ein neues Geräusch in den Bergen. Selbst für ihn war der Laut zunächst noch sehr schwach und kaum hörbar, er hätte aber schwören können, dass die Abendbrise so etwas ähnliches wie Pferdehufschläge und entfernte Rufe herübertrug.

Im gleichen Augenblick und lange bevor das Geräusch an das Ohr des weniger erfahrenen Engländers drang, eilte der Räuber Montano zum Straßenrand über ihnen hinauf, blieb in der ramponierten Hecke stehen, stützte sich gegen einen Baum und spähte die Straße hinunter. Seine Gestalt bot einen sonderbaren Anblick, denn in seiner Eigenschaft als Banditenkönig hatte er sich zwar einen phantastischen Schlapphut, ein Waffengehänge und ein Buschmesser zugelegt, doch an den verschiedensten Stellen seines Körpers lugte der helle nüchterne Tweedanzug des Fremdenführers durch.

Kurz darauf wandte er sein olivenfarbenes, höhnisches Gesicht um und winkte mit der Hand. Auf das Signal hin verstreuten sich die Räuber, nicht in wirrer Auflösung, sondern auf eine Weise, die offenbar einer Art Guerilladisziplin entsprach. Anstatt die Straße entlang des Höhenkamms besetzt zu halten, verteilten sie sich am Weg und versteckten sich hinter Bäumen und Sträuchern, als wollten sie ungesehen nach einem Feind Ausschau halten. Der Lärm wurde stärker und erschütterte zunehmend die Bergstraße; man konnte deutlich eine Stimme vernehmen, die Befehle erteilte. Die Räuber wurden unruhig und drängten sich fluchend und flüsternd zusammen, und die Abendluft füllte sich mit kurzen metallischen Geräuschen, als sie ihre Pistolen luden, ihre Messer lockerten und ihre Degenscheiden über die Steine hinter sich her zogen. Der Lärm beider Lager schien sich auf der darüberliegenden Straße zu vermengen, Zweige brachen ab, Pferde wieherten, Männer riefen.

»Die Rettung!«, rief Muscari aus, sprang auf und schwenkte seinen Hut. »Die Polizei geht ihnen an den Kragen! Vorwärts, für die Freiheit, zu den Waffen! Vorwärts, seid Rebellen gegen Räuber! Los, überlasst nicht alles der Polizei, das ist so schrecklich modern. Fallt den Schurken in den Rücken. Die Karabinieri retten uns; los, Freunde, lasst uns die Karabinieri retten!«

Und damit warf er seinen Hut in die Luft, zog zum zweiten Mal seine Machete und begann, den Abhang zur Straße hochzuklettern. Frank Harrogate sprang auf und eilte ihm zu Hilfe, den Revolver in der Hand, musste zu seinem Erstaunen aber hören, wie er von der rauen Stimme seines Vaters, der sich offenbar in heller Aufregung befand, gebieterisch zurückgerufen wurde.

»Ich lasse es nicht zu«, sagte der Bankier mit erstickter Stimme. »Ich befehle dir, dich nicht einzumischen.«

»Aber Vater«, erwiderte Frank sehr freundlich, »ein italienischer Ehrenmann ging mit gutem Beispiel voran. Du wirst doch nicht wollen, dass die Engländer da zurückstehen.«

»Es ist sinnlos«, sagte der ältere Mann, der heftig zitterte. »Es ist sinnlos. Wir müssen uns in unser Los fügen.«

Pater Brown sah den Bankier an, dann legte er instinktiv die Hand scheinbar auf sein Herz, in Wirklichkeit aber auf das kleine Fläschchen mit Gift, und eine leuchtende Erkenntnis legte sich über sein Gesicht, ähnlich der Erkenntnis im Angesicht des Todes.

Inzwischen hatte Muscari, ohne weiter auf Hilfe zu warten, den Straßenrand erklommen und schlug dem Räuberkönig so heftig gegen die Schulter, dass dieser ins Stolpern geriet und herumgeschleudert wurde. Auch Montano hatte sein Buschmesser gezogen, und Muscari zielte ohne ein weiteres Wort einen Hieb nach seinem Kopf, den dieser auffangen und parieren musste. Aber noch während sich die beiden kurzen Klingen kreuzten und aufeinanderschlugen, ließ der König der Diebe vorsätzlich seine Messerspitze sinken und lachte. »Was soll das, alter Knabe?«, sagte er in gutgelaunt in italienischer Umgangssprache. »Diese verdammte Farce ist ohnehin gleich vorbei.«

»Was soll das heißen, du Schwindler?«, keuchte der rachelüsterne Dichter. »Ist deine Tapferkeit genauso geheuchelt wie deine Ehrlichkeit?«

»Alles an mir ist geheuchelt«, gab der Ex-Fremdenführer in bester Laune zurück. »Ich bin ein Schauspieler, und sollte ich je persönlich einen Charakter besessen haben, dann habe ich ihn vergessen. Ich bin ebenso wenig ein echter Räuber wie ein echter Fremdenführer. Ich bin nichts als ein Bündel Masken, und dagegen kannst du kein Duell ausfechten.«Er lachte mit spitzbübischem Vergnügen und fiel dann in seine alte, breitbeinige Haltung zurück, mit dem Rücken gegen das Geplänkel auf der Straße. Dunkelheit verbreitete sich unterhalb der Bergwände, und man konnte nicht viel vom Verlauf des Kampfes erkennen, außer dass große Gestalten ihre Pferde durch eine dichtgedrängte Räubermenge trieben, die offenbar eher geneigt war, die Angreifer anzurempeln und zu belästigen, als sie umzubringen. Das Ganze glich mehr einer Bürgeransammlung, die der Polizei den Weg versperrt, als einem Ereignis, das sich der Dichter als letztes Gefecht eines verlorenen und gesetzlosen Haufens waschechter Räubern vorstellte. Gerade als Muscari seinen Blick verwirrt umherschweifen ließ, spürte er eine leichte Berührung an seinem Ellbogen und sah den sonderbaren kleinen Priester neben sich stehen, der wirkte wie ein kleiner Noah mit großem Hut und ihn um die Freundlichkeit bat, ein, zwei Worte mit ihm wechseln zu dürfen.

»Signor Muscari«, sagte der Geistliche,»in dieser außergewöhnlichen Krise werden Sie mir eine persönliche Bemerkung gestatten. Ich möchte Ihnen, ohne Ihnen zu nahe treten zu wollen, einen Rat geben, wie Sie Besseres tun können, als den Karabinieri zu helfen, die ohnehin durchbrechen werden. Wenn Sie mir die aufdringliche Vertrautheit erlauben wollen: Liegt Ihnen etwas an dem Mädchen? Ich meine, genug, um es zu heiraten und ihm ein guter Ehemann zu sein?«

»Ja«, sagte der Dichter ganz schlicht.

»Liegt ihr etwas an Ihnen?«

»Ich glaube schon«, lautete die ebenso ernsthafte Antwort.

»Dann gehen Sie hin und bieten Sie sich ihr an«, sagte der Priester.»Bieten Sie ihr alles, was Sie können; legen Sie Ihr Himmel und Erden zu Füßen, wenn möglich. Die Zeit drängt.«

»Warum?«, fragte der Literat verwundert.

»Weil ihr Verhängnis soeben die Straße heraufkommt«, erwiderte Pater Brown.

»Diese Straße kommt nichts herauf als die Rettung«, widersprach Muscari.

»Nun, dann gehen Sie dorthin und halten Sie sich bereit, sie vor der Rettung zu bewahren«, sagte sein Ratgeber.

Er hatte kaum das letzte Wort gesprochen, als die Hecke entlang des gesamten Kamms von fliehenden Räubern durchbrochen wurde. Sie tauchten in Sträuchern und dichtem Gras unter wie besiegte Männer, die verfolgt werden; und über der niedergetretenen Hecke erschienen die großen, federgeschmückten Hüte der berittenen Gendarmerie. Ein neuer Befehl wurde erteilt; man hörte das Geräusch von absteigenden Männern, dann trat ein hochgewachsener Offizier in Federhut und kaiserlich grauer Uniform mit einem Blatt Papier in der Hand in die Bresche, die das Tor zum Paradies der Diebe bildete. Ein kurzes Schweigen folgte, das auf ungewöhnliche Weise vom Bankier gebrochen wurde, der mit heiserer, erstickter Stimme rief:»Beraubt! Man hat mich beraubt!«

»Aber das geschah doch vor Stunden«, wandte sein Sohn erstaunt ein,»da hat man dich um zweitausend Pfund beraubt.«

»Nicht um zweitausend Pfund«, sagte der Finanzier, der plötzlich mühsam um Fassung rang,»nur um ein kleines Fläschchen.«

Der Polizist in kaiserlicher Uniform durchquerte die grüne Mulde mit raschen Schritten. Als er dem König der Diebe auf seinem Weg begegnete, schlug er ihm in einer Mischung aus Liebkosung und Faustschlag auf die Schulter, dann gab er ihm einen Stoß, der ihn zurücktaumeln ließ.»Du wirst dich noch in Schwierigkeiten bringen«, sagte er,»wenn du solche Spielchen treibst.«

Mit den Augen eines Künstlers betrachtet sah auch das für Muscari kaum wie die Festnahme eines großen Verbrechers aus, den man dingfest gemacht hat. Der Polizist ging weiter, machte vor der

Gruppe um Harrogate Halt und sagte: »Samuel Harrogate, ich verhafte Sie im Namen des Gesetzes wegen Veruntreuung der Gelder der Hull und Huddersfield Bank.«

Der bedeutende Bankier nickte mit einer seltsamen Anwandlung von geschäftsmäßiger Zustimmung, schien einen Augenblick nachzudenken, und noch bevor jemand eingreifen konnte, drehte er sich halb um und stand mit einem Schritt an der Kante der äußeren Felswand. Dann hob er die Hände und sprang, genauso, wie er aus der Kutsche gesprungen war. Doch dieses Mal landete er nicht auf einer kleinen Wiese unmittelbar unter ihm, sondern stürzte tausend Fuß nach unten und verwandelte sich im Tal in einen Haufen zerschlagener Knochen.

In den Zorn des Karabinieri, den er Pater Brown gegenüber lautstark zum Ausdruck brachte, mischte sich eine große Portion Bewunderung. »Das sieht ihm ähnlich, uns so am Schluss noch zu entwischen«, sagte er. »Er war ein großer Räuber, wenn Sie so wollen. Ich halte sein letztes Kunststück für absolut beispiellos. Er floh mit dem Geld der Bank nach Italien und ließ sich dort von falschen Räubern, die er selbst entlohnte,

gefangen nehmen, um damit sowohl das Verschwinden des Geldes als auch sein eigenes zu erklären. Diese Lösegeldforderung wurde von einem Großteil der Polizei tatsächlich ernst genommen. Doch solche Gaunerstücke hat er seit Jahren betrieben oder zumindest ähnlich gaunerhafte. Es wird ein schwerer Verlust für seine Familie sein.«

Muscari führte die unglückliche Tochter beiseite, die sich fest an ihn klammerte, wie sie es noch viele folgende Jahre lang tun sollte. Aber selbst inmitten dieses tragischen Unglücks konnte er nicht umhin, ein Lächeln und eine halbironische Geste der Freundschaft für den unschlagbaren Ezza Montano übrig zu haben. »Und wohin treibt es dich als nächstes?«, fragte er ihn über die Schulter.

»Birmingham«, entgegnete der Schauspieler und zog an seiner Zigarette. »Sagte ich dir nicht, dass ich ein Futurist bin? Ich glaube tatsächlich an diese Dinge, sofern ich überhaupt an etwas glaube. Jeden Morgen etwas Neues, Veränderung und Trubel. Ich gehe nach Manchester, Liverpool, Leeds, Hull, Huddersfield, Glasgow, Chicago – kurz, in eine aufgeklärte, energievolle, zivilisierte Gesellschaft!«

»Kurz«, sagte Muscari, »in das wahre Paradies der Diebe.«

DER SALAT DES OBERST CRAY

An einem weißen, verschleierten Morgen, als sich die Nebel lang-
sam verzogen, befand sich Pater Brown auf dem Heimweg von der
Frühmesse – es war einer jener Morgen, an denen man die bare
Naturkraft des Lichts als geheimnisvoll und neuartig empfindet.
Die Konturen einzelner Bäume traten immer deutlicher aus dem
Dunst hervor, als wären sie zuerst mit grauer Kreide skizziert und
dann mit einem Kohlestift nachgezogen worden. In größeren Ab-
ständen tauchten die ersten Häuser am Rand des Vororts auf, ihre
Umrisse wurden schärfer und schärfer, bis Pater Brown viele entdeckte, in denen er zufällige Bekanntschaften hatte; und etliche
mehr, deren Besitzer er mit Namen kannte. Alle Fenster und Türen
waren jedoch verschlossen; keiner der Bewohner pflegte um dieses
Tageszeit auf den Beinen zu sein, schon gar nicht wegen eines
Kirchgangs. Als er aber dicht an einer hübschen Villa mit zahl-
reichen Veranden und großen Blumengärten vorüberging, vernahm er ein Geräusch, das ihn fast unwillkürlich stehenbleiben
ließ. Es war unverkennbar der Schuss aus einer Pistole, einem Karabiner oder einer anderen leichten Feuerwaffe; aber nicht das war
es, was ihn am meisten irritierte. Dem ersten lauten Knall folgte
unmittelbar darauf eine Reihe von schwächeren Lauten – er zählte
etwa sechs hintereinander. Er vermutete, es wäre das Echo, aber
seltsamerweise entsprach das Echo dem ursprünglichen Geräusch
nicht im Geringsten. Es klang wie nichts, was er je schon einmal

68

gehört hätte; an drei Dinge erinnerte ihn das Geräusch noch am ehesten: an das Zischen beim Öffnen einer Sodaflasche, an einen Tierlaut und an das Geräusch mühsam unterdrückten Gelächters. Nichts davon schien irgendeinen Sinn zu ergeben.

In Pater Brown vereinten sich zwei unterschiedliche Menschen. Da gab es den Mann der Tat, bescheiden wie eine Primel und pünktlich wie eine Uhr, der seine kleinen Pflichten stets erfüllte und nicht im Traum daran dachte, etwas daran zu ändern. Und dann gab es den Mann der reiflichen Überlegung, der zwar noch viel bescheidener, aber auch viel entschlossener war und den man nicht so leicht aufhalten konnte; dessen Gedanken (im einzig zutreffenden Sinn des Wortes) jederzeit freie Gedanken waren. Er konnte einfach nicht anders, selbst unbewusst, als sich die Fragen zu stellen, die gestellt werden mussten, und so viele davon zu beantworten, wie er nur konnte. Das war so selbstverständlich wie seine Atmung oder sein Kreislauf. Dennoch überschritt er mit seinen Handlungen niemals bewusst die Grenzen seines Pflichtbereichs; und in diesem Fall wurden die beiden Seelen in seiner Brust auf eine harte Probe gestellt. Er war schon fast entschlossen, seinen Marsch durch die Morgendämmerung fortzusetzen, und redete sich ein, dass die ganze Sache ihn schließlich nichts anginge. Doch instinktiv ersann und verwarf er zwanzig Theorien darüber, was diese seltsamen Geräusche bedeuten könnten. Da nahm die graue Silhouette der Stadt einen silberhellen Farbton an und im zunehmenden Licht erkannte er, dass er vor dem Haus eines anglo-indischen Majors namens Putnam gestanden hatte; und dieser Major hatte einen aus Malta gebürtigen Koch, der zu seiner Gemeinde gehörte. Auch wurde ihm allmählich bewusst, dass Pistolenschüsse manchmal eine ernste Angelegenheit und mit Folgen verbunden sind, die durchaus in seinen Zuständigkeitsbereich fielen. Er kehrte um und ging durch das Gartentor auf den Hauseingang zu.

Etwa in der Mitte der einen Hausseite stand ein kleiner Vorbau, eine Art niedriger Schuppen; wie er später entdeckte, war es ein großer Müllbehälter. Dort bog eine Gestalt um die Ecke, zunächst nur ein Schatten im Nebel, die sich augenscheinlich bückte und nach etwas suchte. Beim Näherkommen verdichtete sich der Schatten zu einer ungewöhnlich massigen Person. Major Putnam war ein kahlköpfiger, stiernackiger Mann, klein und stark untersetzt, mit einem jener roten Gesichter, die auf einen Hang zum Schlaganfall deuten und aus dem nachhaltigen Versuch entstehen, das orientalische Klima mit abendländischen Genüssen in Einklang zu bringen. Dieses Gesicht aber war dennoch gutmütig; und selbst jetzt, obgleich offensichtlich verwirrt und wissbegierig, lag eine Art unschuldiges Lächeln darauf. Auf seinem Hinterkopf saß ein breit ausladender Hut aus Palmblättern (fast wie ein Heiligenschein, der aber keineswegs zum Gesicht passte), ansonsten war er lediglich mit einem sehr auffallend scharlachrot und gelb gestreiften Pyjama bekleidet, der zwar hinlänglich strahlte, um ihn zu erkennen, für so einen frischen Morgen aber recht kühl zu sein schien. Er war offenbar überstürzt aus dem Haus geeilt, und der Priester war nicht überrascht, als er ihm ohne weitere Umschweife zurief: »Haben Sie dieses Geräusch gehört?«

»Ja«, entgegnete Pater Brown, »deshalb ich wollte eben hereinschauen, für den Fall, dass etwas passiert ist.«

Der Major warf ihm mit seinen gutmütigen Stachelbeeraugen einen seltsamen Blick zu. »Was, glauben Sie, war das für ein Geräusch?«

»Es hörte sich an wie ein Gewehr oder so etwas ähnliches«, erwiderte der andere zögernd, »aber es schien ein eigentümliches Echo zu haben.«

Der Major sah ihn noch immer wortlos, doch mit stierem Blick an, als die Vordertür aufgestoßen wurde und sich ein breiter Gaslichtstrahl in den aufsteigenden Morgennebel ergoss; und eine zweite Gestalt im Pyjama sprang und taumelte in den Garten hinaus. Sie war größer, schlanker und athletischer, und der Pyjama, obgleich ebenfalls tropischer Herkunft, war vergleichsweise geschmackvoll, denn er war weiß mit hellen, zitronengelben Streifen. Der Mann war hager, aber sah gut aus und war sonnengebräunter als der andere. Er hatte ein Adlerprofil und ziemlich tiefliegende Augen; und der Kontrast zwischen dem kohlrabenschwarzen Haar und dem wesentlich helleren Schnurrbart verlieh ihm einen Hauch von Andersartigkeit. All diese Einzelheiten nahm Pater Brown ziemlich gelassen wahr. Denn im Augenblick interessierte ihn an dem Mann nur eines: der Revolver in seiner Hand.

»Cray!«, rief der Major und starrte ihn an. »Hast du diesen Schuss abgefeuert?«

»Allerdings«, antwortete der schwarzhaarige Gentleman hitzig, »und du hättest an meiner Stelle nicht anders gehandelt. Wenn du von allen Seiten von Teufeln gejagt wirst und beinahe…«

Der Major fiel ihm recht unsanft ins Wort. »Dies ist mein Freund Pater Brown«, sagte er. Und zu Pater Brown gewandt: »Ich weiß nicht, ob Sie Oberst Cray von der Königlichen Artillerie bereits kennen.«

»Ich habe natürlich von ihm gehört«, erwiderte der Priester unschuldig. »Haben Sie… haben Sie etwas getroffen?«

»Dachte ich jedenfalls«, entgegnete Cray voller Ernst.

»Ist er… ist er zu Boden gegangen, hat er geschrien oder dergleichen?«, fragte Major Putnam mit gedämpfter Stimme.

Oberst Cray sah seinen Gastgeber mit einem seltsamen, festen Blick an. »Ich will dir genau sagen, was er tat«, erwiderte er. »Er nieste.«

Pater Brown fuhr sich mit der Hand an die Stirn, wie jemand, der sich an einen Namen erinnert, der ihm entfallen war. Er wusste nun, dass das Geräusch weder das Zischen einer Sodaflasche noch das Schniefen eines Hundes war.

»Nun«, stieß der Major mit starrem Blick hervor, »das höre ich zum ersten Mal, dass ein Armeerevolver jemanden zum Niesen bringt.«

»Ich auch«, mischte sich Pater Brown vorsichtig ein. »Welch ein Glück, dass Sie nicht gleich ihre ganze Artillerie gegen ihn eingesetzt haben, er hätte sich ernsthaft erkälten können.« Er stutzte kurz verunsichert und sagte dann: »War es ein Einbrecher?«

»Lassen Sie uns hineingehen«, sagte Major Putnam ziemlich scharf und ging ins Haus voran.

Im Innern bot sich ein verwirrender Anblick, auf den man in solchen Morgenstunden häufig trifft: Die Räume wirkten heller als der Himmel draußen; selbst nachdem der Major das einzige Gaslicht in der Halle gelöscht hatte. Pater Brown stellte überrascht fest, dass der Esstisch wie für ein festliches Mahl gedeckt war; die Servietten steckten in ihren Ringen, und neben jedem Teller standen Weingläser in schätzungsweise sechs ganz überflüssigen Größen. Es wäre durchaus normal gewesen, zu so früher Stunde auf die Überreste eines Banketts vom Vorabend zu treffen; so früh auf einen frisch gedeckten Tisch zu stoßen, war ungewöhnlich.

Während der Pater unschlüssig in der Halle herumstand, schoss

Major Putnam an ihm vorbei und warf einen wütenden Blick über das lange Rechteck des gedeckten Tisches. Schließlich stieß er stotternd und schwer atmend hervor:»Das ganze Silber ist weg! Das Fischbesteck ist weg. Der alte Essig- und Ölständer ist weg. Sogar das alte silberne Sahnekännchen ist weg. Und nun, Pater Brown, kann ich auch Ihre Frage beantworten, ob es ein Einbrecher war.«

»Das ist nur eine Täuschung«, sagte Cray störrisch.»Ich weiß besser als du, warum man dieses Haus heimsucht. Ich weiß besser als du, warum…«

Der Major tätschelte ihm begütigend die Schulter, wie man ein krankes Kind beruhigt, und sagte:»Es war ein Einbrecher. Es war ganz offensichtlich ein Einbrecher.«

»Ein Einbrecher mit einer schlimmen Erkältung«, bemerkte Pater Brown,»das wird Ihnen helfen, seine Spur in der Nachbarschaft zu verfolgen.«

Der Major schüttelte düster den Kopf.»Ich fürchte, er ist längst über alle Berge.«

Dann, als sich der unruhige Mann mit dem Revolver erneut der Tür zum Garten zuwandte, fügte er halblaut mit vertraulicher Stimme hinzu:»Ich glaube, ich sollte besser nicht die Polizei holen, ich fürchte, mein Freund hier ist ein wenig zu leichtfertig mit seinen Kugeln umgegangen und so auf die falsche Seite des Gesetzes geraten. Er hat an den wildesten Orten gelebt, und offen gestanden glaube ich, er bildet sich manchmal Dinge ein.«

»Sie haben mir einmal erzählt«, sagte Brown,»dass er glaubt, von einem indischen Geheimbund verfolgt zu werden.«

Major Putnam nickte und zuckte zugleich mit den Achseln.»Ich glaube, wir sollten ihm nachgehen«, sagte er.»Ich möchte jedes weitere, wie soll ich sagen… Niesen vermeiden.«

Sie traten in das Morgenlicht hinaus, das nun von Sonnenschein gerötet war, und betrachteten die hochgewachsene Gestalt von Oberst Cray, der sich fast bis zum Boden hinunterbeugte, um den

74

Zustand von Kiesweg und Rasen aufs Genaueste zu untersuchen. Während der Major unauffällig zu ihm hinschlenderte, schlug der Priester ebenso unauffällig einen Haken um die nächste Hausecke und näherte sich dem vorstehenden Müllbehälter. Er stand eine Weile da und betrachtete dieses hässliche Objekt; dann ging er darauf zu, hob den Deckel und steckte seinen Kopf hinein. Staub und verrotteter Abfall wirbelten ihm entgegen; doch Pater Brown gab niemals acht auf sein Äußeres, was immer er sonst so beachtete. In dieser Haltung verharrte er eine beträchtliche Zeit, als wäre er in irgendwelche mystischen Gebete versunken. Dann tauchte er wieder auf, mit ein wenig Asche im Haar und schlenderte unbekümmert weiter.

Als er wieder beim Gartentor anlangte, traf er dort auf eine Ansammlung von Personen, die geneigt schien, düstere Gedanken zu vertreiben wie zuvor die Sonne den Nebel. Sie wirkte jedoch keineswegs vernünftig und beruhigend, sondern schlicht ungeheuer komisch, wie ein Haufen Dickens'scher Romangestalten. Major Putnam hatte es zuwege gebracht, sich in ein ordentliches Hemd und in eine Hose mit karmesinrotem Kummerbund zu zwängen, darüber trug er eine leichte, gewöhnliche Jacke; und aus diesem ordentlichen Aufzug strahlte sein rotes, fröhliches Gesicht in altbekannter Herzlichkeit hervor. Er sprach gerade mit großem Nachdruck, aber er unterhielt sich ja auch mit seinem Koch – dem dunkelhäutigen Sohn Maltas, dessen schmales, missgünstiges und ziemlich kummervolles Gesicht in merkwürdigem Widerspruch zu seiner schneeweißen Kochmütze und Arbeitskleidung stand. Der Koch mochte allen Grund haben, vergrämt zu sein, denn Kochen war das Steckenpferd des Majors. Er gehörte zu jenen Amateuren, die stets alles besser wissen als der Fachmann. Die einzige andere Person, der er ein Urteil über die Güte eines Omelettes überhaupt zugestand, war sein Freund Cray – und als Brown sich daran erinnerte, hielt er nach dem anderen Offizier Ausschau. Bei

Tageslicht und in der Umgebung von angekleideten Menschen in normaler Verfassung bot er einen geradezu schockierenden Anblick. Die hochgewachsene, elegante Gestalt war immer noch im Nachtgewand, mit zerzaustem, schwarzem Haar, und kroch soeben auf allen vieren durch den Garten, um weiter nach Spuren des Einbrechers zu suchen; dabei schlug er hin und wieder, offenbar darüber verärgert, dass er nichts entdecken konnte, mit der Hand auf den Boden. Als er diesen Vierfüßler im Gras erblickte, zog der Priester betrübt die Augenbrauen hoch; und zum ersten Mal kam ihm der Gedanke, dass der Ausdruck »bildet sich Dinge ein« eine Beschönigung sein könnte.

Die dritte Person im Bunde neben Koch und Gourmet war Pater Brown ebenfalls bekannt. Es war Audrey Watson, Mündel und Haushälterin des Majors – der Schürze, den aufgekrempelten Ärmeln und ihrem resoluten Auftreten nach zu urteilen im Augenblick wohl eher Haushälterin als Mündel.

»Das geschieht dir recht«, sagte sie. »Ich habe dir immer gesagt, du sollst diesen altmodischen Essig- und Ölständer nicht benutzen.«

»Er gefällt mir eben«, erwiderte Putnam in versöhnlichem Ton. »Ich bin selber altmodisch, und er hält die Dinge zusammen.«

»Und lässt sie zusammen verschwinden, wie du siehst«, erwiderte sie. »Nun, wenn du dich nicht um den Einbrecher kümmerst, muss ich mich ja auch nicht um das Mittagessen kümmern. Heute ist Sonntag, wir können keinen Essig und all das aus der Stadt kommen lassen; und euch indischen Gentlemen schmeckt ja kein sogenanntes Dinner ohne Unmengen von scharfem Zeug. Ich wünschte bei Gott, du hättest Cousin Oliver nicht gebeten, mich zur Messe mitzunehmen. Sie ist erst um halb eins zu Ende, und dann muss der Oberst gehen. Ich glaube kaum, dass ihr Männer allein zurechtkommt.«

»Aber selbstverständlich, meine Liebe«, sagte der Major und sah sie äußerst liebevoll an. »Marco hat alle Saucen, und wie du mittlerweile wissen solltest, haben wir uns an weit unwirtlicheren Orten häufig bestens selbst versorgt. Außerdem solltest du dir einmal etwas gönnen, Audrey, du musst nicht von morgens bis abends die Haushälterin sein, und ich weiß, dass du die Musik gerne hören willst.«

»Ich will in die Kirche gehen«, sagte sie und sah in ziemlich streng an.

Sie war eine jener attraktiver Frauen, deren Schönheit unvergänglich ist, weil Schönheit nicht vom Aussehen oder Teint, sondern von der Form des Kopfes und der Glieder bestimmt wird. Aber obwohl sie noch nicht einmal mittleren Alters war und ihr kastanienbraunes Haar in Fülle und Farbe an Tizian erinnerte, ließ ein bestimmter Zug um Mund und Augen erahnen, dass ein geheimer Kummer an ihr zehrte, so wie die Winde mit der Zeit an den Kanten eines griechischen Tempels zehren. Denn das kleine häusliche Problem, von dem sie gerade so entschieden sprach, war in Wirklichkeit eher komischer als tragischer Natur. Pater Brown entnahm der Unterhaltung, dass Cray, der andere Gourmet, vor der üblichen Essenszeit gehen musste; damit Putnam, sein Gastgeber, aber nicht auf das abschließende Festmahl mit einem alten

Kumpan verzichten musste, hatte er ein besonderes Déjeuner bereiten lassen, das im Laufe des Vormittags serviert und verspeist werden sollte, während Audrey und andere ernsthaftere Menschen im Gottesdienst weilten. Dorthin wollte sie in Begleitung eines Verwandten und alten Freundes, Dr. Oliver Oman, gehen. Der war zwar ein nüchterner Wissenschaftler, begeisterte sich aber derart für Musik, dass er sogar in die Kirche ging, um sie zu hören. Von all dem erklärte allerdings nichts die stille Trauer im Gesicht von Miss Watson; und einer halb unbewussten Eingebung folgend, wandte sich Pater Brown erneut dem scheinbar Verrückten zu, der im Gras herumwühlte.

Als er zu ihm hinüberschlenderte, hob der Oberst jäh den schwarzen, verstrubbelten Kopf, als wäre er überrascht, dass der Priester immer noch da sei. Und in der Tat hatte er sich aus Gründen, die nur ihm bekannt waren, viel länger aufgehalten, als es die Höflichkeit erforderte oder unter normalen Umständen sogar erlaubte.

»Ah!«, rief Cray mit wildem Blick. »Sie halten mich wohl auch für verrückt wie alle anderen, was?«

»Ich habe die Möglichkeit in Erwägung gezogen«, erwiderte der kleine Mann gelassen. »Und ich neige zu der Ansicht, dass Sie es nicht sind.«

»Wie meinen Sie das?«, schnauzte Cray wütend.

»Wirklich Verrückte«, erklärte Pater Brown, »lassen ihrer Krankheit stets freien Lauf. Sie wehren sich niemals dagegen. Sie aber versuchen, Spuren des Einbrechers zu finden, selbst wenn es gar keine gibt. Sie kämpfen dagegen an. Sie wollen, was ein Verrückter niemals wollen würde.«

»Und das wäre?«

»Sie wollen vom Gegenteil überzeugt werden«, antwortete Pater Brown.

Bei den letzten Worten war Cray schwankend aufgesprungen

und sah den Geistlichen mit lebhaften Blick an. »Donnerwetter, endlich ein wahres Wort!«, rief er. »Alle hier wollen mir weismachen, dass der Kerl nur hinter dem Silber her war – als wenn ich das nicht selber gerne glauben würde! Sie war auch an mir dran«, und er wies mit seinem zerzausten schwarzen Kopf in Audreys Richtung, aber der andere wusste auch so, wen er meinte, »sie hat mir heute Vorwürfe gemacht, wie grausam es sei, auf einen harmlosen Einbrecher zu schießen, und das wohl der Teufel in mich gefahren sei, diese armen, arglosen Eingeborenen zu verfolgen. Aber früher war ich ein gutmütiger Mensch – so gutmütig wie Putnam.«

Nach einer Pause sagte er: »Schauen Sie, ich bin Ihnen noch nie begegnet; aber Sie sollen sich ein eigenes Urteil über die ganze Geschichte bilden. Der alte Putnam und ich waren bereits in der Offiziersmesse befreundet; doch aufgrund einiger Zwischenfälle an der afghanischen Grenze erhielt ich früher als die meisten ein eigenes Regiment; dann wurden wir beide auf Krankenurlaub nach Hause geschickt. Ich habe mich dort unten mit Audrey verlobt, und wir sind alle zusammen heimgereist. Doch auf der Reise sind Dinge geschehen, seltsame Dinge. Die Folge davon war, dass Putnam darauf besteht, die Verlobung zu lösen, selbst Audrey scheint keine besondere Eile zu haben – mir ist auch klar, warum. Ich weiß, für was sie mich halten. Und Sie wissen es auch.

Nun, hier kommen die Fakten. An unserem letzten Tag in einer indischen Stadt fragte ich Putnam, ob man dort wohl Trichinopoly-Zigarren* bekäme; er schickte mich in einen kleinen Laden, der direkt gegenüber seiner Unterkunft lag. Ich habe später festgestellt, dass er recht hatte, aber ›gegenüber‹ ist ein gefährliches Wort, wenn ein anständiges Haus fünf oder sechs verwahrlosten gegenüber-

---

* Tiruchirapalli, früher Trichinopoly, Stadt im Bundesstaat Tamil Nadu, Indien, einst bedeutende Handelsstadt in British-India, in der u. a. Zigarren produziert wurden. Anm. d. Ü.

steht; jedenfalls muss ich mich in der Tür geirrt haben. Sie ließ sich nur mit Mühe öffnen und führte in völlige Finsternis; doch als ich mich umdrehte, fiel die Tür mit einem Krachen wie von unzähligen Riegeln hinter mir ins Schloss. Mir blieb nichts anders übrig, als vorwärtszugehen, und ich tastete mich durch einen stockdunklen Gang nach dem anderen. Über eine Treppe gelangte ich zu einer verborgenen Tür, die mit einem Schnappschloss aus kunstvoll gearbeitetem orientalischen Schmiedeeisen gesichert war, wie ich durch bloßes Tasten herausfand, und die ich schließlich öffnen konnte. Wieder trat ich ins Halbdunkel, das jedoch durch unendlich viele kleine brennende Lämpchen in ein grünes Zwielicht getaucht wurde. Sie beleuchteten nur den Boden und die Ecken eines riesigen, leeren Raums. Unmittelbar vor mir stand etwas, das aussah wie ein Berg. Ich muss gestehen, dass ich auf dem großen Steinsockel, auf den ich gelangt war, fast hingestürzt wäre, bevor

ich merkte, dass es ein Götzenbildnis war. Und das Schlimmste: es war ein Götzenbildnis, das mir den Rücken zukehrte.

Es hatte kaum Ähnlichkeit mit einem Menschen, wie mir schien; das zeigte sich an dem kleinen, gedrungenen Kopf und mehr noch an einem schwanzähnlichen Gebilde, das an seiner Rückseite in die Höhe stand und wie ein riesiger, abscheulicher Finger auf ein eingraviertes Symbol in der Mitte des gewaltigen Steinrückens deutete. Voller Entsetzen hatte ich begonnen, die Hieroglyphen im Dämmerlicht zu entziffern, als etwas noch Entsetzlicheres geschah. Hinter mir öffnete sich geräuschlos eine Tür in der Wand des Tempels, und ein Mann mit dunklem Gesicht und in einem schwarzen Mantel trat herein. Ein gemeißeltes Lächeln lag auf den kupferfarbenen Lippen mit den elfenbeinernen Zähnen, aber ich glaube, das Grässlichste an ihm war die europäische Kleidung. Ich vermute, ich war auf vermummte Priester oder nackte Fakire gefasst. Doch das hier sah ganz danach aus, als wäre die Teufelskunst auf der ganzen Welt verbreitet. Was sich ja später auch bewahrheitete.

›Wenn du nur die Füße des Affen gesehen hättest‹, sagte der Mann starr lächelnd und ohne weitere Umschweife, ›wären wir ganz sanft mit dir umgegangen – du würdest nur gefoltert und sterben. Wenn du das Antlitz des Affen gesehen hättest, wären wir immer noch sehr zurückhaltend und tolerant geblieben – du würdest nur gefoltert und dürftest leben. Da du jedoch den Schwanz des Affen gesehen hast, sehen wir uns gezwungen, das schlimmste Urteil zu fällen. Es lautet: Du bist frei.‹

Als er diese Worte sprach, hörte ich, wie sich das schmiedeeiserne Schloss, das ich so mühsam geöffnet hatte, automatisch öffnete, und dann vernahm ich, wie sich am fernen Ende der dunklen Gänge, durch die ich mich getastet hatte, die Riegel der schweren Eingangstür von selbst zurückschoben.

›Es ist vergeblich, um Gnade zu bitten. Du bist frei‹, sagte der lächelnde Mann. ›Von nun an soll dich ein Haar töten wie ein

Schwert, und ein Atemhauch soll dich beißen wie eine Natter; aus dem Nichts sollen Waffen über dich kommen; und du wirst hundertfache Tode sterben.‹ Damit verschmolz er noch einmal mit der Tempelwand, und ich ging auf die Straße hinaus.«

Cray hielt inne. Pater Brown setzte sich ungerührt auf den Rasen und fing an, Gänseblümchen zu pflücken.

Der Soldat fuhr fort:»Putnam natürlich, mit seinem heiteren gesunden Menschenverstand, machte sich über meine Ängste lustig, und aus jener Zeit stammen seine Zweifel an meiner geistigen Verfassung. Nun, ich werde Ihnen in so wenigen Worten wie möglich drei Vorfälle schildern, die sich seither zugetragen haben, und Sie sollen beurteilen, wer von uns beiden recht hat. Der erste Vorfall geschah in einem indischen Dorf am Rande des Dschungels, Hunderte von Meilen entfernt von jenem Tempel, der Stadt, den Stämmen und ihren Gebräuchen, wo der Fluch über mich verhängt worden war. Ich erwachte mitten in der Nacht und lag da, ohne an etwas Bestimmtes zu denken, als ich plötzlich ein leichtes Kitzeln wie von einem Faden oder Haar an meiner Kehle spürte. Ich schrak zurück und wich ihm aus und musste an die Worte im Tempel denken. Doch als ich aufstand und bei Licht in einen Spiegel sah, war der feine Strich an meinem Hals eine Blutspur.

Der zweite Vorfall ereignete sich in einer Unterkunft in Port Said, etwas später, als wir bereits auf der Heimreise waren. Es war eine Mischung aus Taverne und Raritätenladen; und obwohl dort nichts auch nur entfernt an den Kult des Affen erinnerte, ist es natürlich möglich, dass sich ein paar seiner Bildnisse oder Talismane an einem solchen Ort befanden. Sein Fluch war jedenfalls dort. Wieder erwachte ich im Dunkeln, mit einem Gefühl, das sich mit nichts so nüchtern oder genau vergleichen lässt wie mit dem gehauchten Biss einer Natter. Ich fühlte mich wie im Todeskampf; ich schlug mit dem Kopf gegen die Wände, bis ich eine Scheibe traf und in den darunterliegenden Garten mehr stürzte als sprang.

Putnam, der arme Kerl, der die andere Sache als zufälligen Kratzer abgetan hatte, musste diesmal den Umstand ernst nehmen, dass er mich im Morgengrauen halb bewusstlos im Gras fand. Ich befürchte aber, er hat nur meinen Geisteszustand ernst genommen, nicht aber meine Geschichte.

Der dritte Vorfall geschah in Malta. Wir befanden uns in einer Festung, und unsere Schlafräume gingen zufällig aufs offene Meer hinaus, das fast bis zu den Fensterbänken hinaufbrandete, wenn es nicht von einer flachen, weißen Außenmauer, blank wie die See, zurückgehalten worden wäre. Wieder wachte ich nachts auf, doch es war nicht dunkel. Als ich ans Fenster trat, bemerkte ich, dass Vollmond war; ich hätte einen Vogel auf den nackten Zinnen oder ein Segel am Horizont erkennen können. Doch was ich sah, war eine Art Stock oder Zweig, der aus eigener Kraft am leeren Himmel seine Kreise zog. Er flog geradewegs durch mein Fenster herein und zerschmetterte die Lampe neben dem Kopfkissen, das ich soeben verlassen hatte. Es war eine jener seltsam geformten Wurfkeulen, die manche Stämme im Fernen Osten im Krieg benutzen. Doch keine menschliche Hand hatte sie geschleudert.«

Pater Brown warf den Kranz aus Gänseblümchen weg, den er geflochten hatte, und erhob sich mit nachdenklichem Blick. »Besitzt Major Putnam irgendwelche asiatischen Raritäten, Talismane, Waffen und so weiter, die uns einen Fingerzeig geben könnten?«, fragte er.

»Jede Menge, aber ich fürchte, sie sind keine große Hilfe«, antwortete Cray; »aber werfen Sie doch für alle Fälle einen Blick in sein Arbeitszimmer.«

Als sie das Haus betraten, begegneten sie Miss Watson, die gerade ihre Handschuhe für den Kirchgang zuknöpfte, und hörten, wie Putnam dem Koch unten immer noch einen Vortrag über Kochkunst hielt. Im Arbeits- und Raritätenzimmer des Oberst stießen sie plötzlich auf eine weitere Person in Zylinder und Straßenkleidung, die in ein Buch vertieft war, das aufgeklappt auf dem Rauchtisch lag – ein Buch, das der Mann ziemlich schuldbewusst fallen ließ, als er sich umdrehte. Cray stellte ihn höflich als Dr. Oman vor, doch im Gesicht stand ihm ein derartiges Missfallen, dass Brown den Verdacht hegte, die beiden Männer seien Rivalen – ob Audrey es nun wusste oder nicht. Auch fand der Priester die Abneigung Crays nicht ganz abwegig. Dr. Oman war in der Tat ein sehr elegant gekleideter Gentleman; er hatte ein gut geschnittenes Gesicht, obwohl es fast so dunkel wie das eines Asiaten war. Pater Brown musste sich streng ermahnen, dass man Milde auch denen gegenüber walten lassen sollte, die ihre Spitzbärte pomadisieren, ihre zierlichen Finger in Handschuhe stecken und mit öliger Stimme sprechen.

Cray schien sich besonders über das kleine Gebetbuch in Omans dunkel behandschuhter Hand zu ärgern. »Ich wusste gar nicht, dass Sie sich mit so etwas abgeben«, sagte er ziemlich grob.

Oman lächelte sanft, doch ohne Kränkung. »Das ist schon mehr nach meinem Geschmack, ich weiß«, sagte er und legte die Hand auf das dicke Buch, das er fallen gelassen hatte, »ein Nachschlagewerk über Drogen und dergleichen. Leider ist es etwas zu groß, um es mit in die Kirche zu nehmen.« Dann schloss er das größere Buch und schien erneut in gewisser Eile und Verlegenheit zu sein.

»Ich nehme an«, sagte der Priester, dem offenbar stark daran gelegen war, das Thema zu wechseln, »all diese Speere und die übrigen Dinge stammen aus Indien?«

»Von überallher«, erwiderte der Doktor. »Putnam ist ein alter Soldat, er war in Mexiko, Australien und, soviel ich weiß, auf den Kannibalen-Inseln.«

»Ich hoffe, er hat auf den Kannibalen-Inseln nicht auch die Kunst des Kochens erlernt«, bemerkte Brown und ließ seinen Blick über die Kochtöpfe und andere merkwürdige Gegenstände an der Wand schweifen.

84

In diesem Augenblick steckte der fröhliche Gegenstand ihrer Unterhaltung sein lachendes, krebsrotes Gesicht durch die Tür. »Komm runter, Cray«, krähte er. »Dein Lunch wird gerade aufgetragen. Und die Glocken läuten für die, die in die Kirche gehen wollen.« Cray verschwand nach oben, um sich umzuziehen. Dr. Oman und Miss Watson begaben sich gemeinsam mit einer Reihe von anderen Kirchgängern feierlich die Straße hinab; Pater Brown bemerkte jedoch, dass sich der Doktor zweimal umdrehte und prüfend das Haus in Augenschein nahm, er kam sogar zur Straßenecke zurück, um es noch einmal zu tun.

Der Priester war verwirrt. »*Er* kann nicht an dem Müllbehälter gewesen sein«, murmelte er. »Nicht in diesen Kleidern. Oder war er heute schon früher einmal da?«

Im Umgang mit anderen Menschen war Pater Brown eigentlich so feinfühlig wie ein Barometer, doch heute schien er so dickfellig wie ein Rhinozeros zu sein. Keine gesellschaftliche Regel, fest vereinbart oder als ungeschriebenes Gesetz, hätte seine weitere Anwesenheit während des Mahls der anglo-indischen Freunde rechtfertigen können; er blieb trotzdem – und verbarg sein ungebührliches Benehmen hinter einer Flut amüsanter, doch völlig unsinniger Geschichten. Besonders rätselhaft war, dass er eigentlich nichts zu sich nehmen wollte. Als eine herrlich gewürzte Reis- und Currytafel nach der anderen, begleitet von den jeweils passenden Weinen, vor den beiden aufgetragen wurden, wiederholte er nur immer wieder, heute sei einer seiner Fastentage, kaute an einem Stück Brot, nippte an einem Glas mit kaltem Wasser und ließ es stehen. Doch seine Redelust war überschäumend.

»Wissen Sie, was ich jetzt für Sie tun werde?«, rief er. »Ich werde Ihnen einen Salat zubereiten! Ich darf zwar keinen essen, aber im Saucenanrühren bin ich unschlagbar! Dort drüben haben Sie ja Salat.«

»Leider ist das auch das Einzige, was wir haben«, entgegnete der Major aufgeräumt. »Sie wissen doch, dass Senf, Essig, Öl und so weiter gemeinsam mit dem Ständer und dem Einbrecher verschwunden sind.«

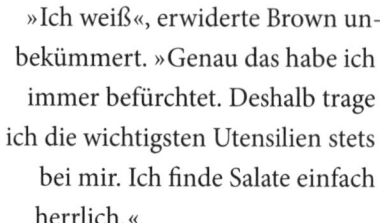

»Ich weiß«, erwiderte Brown unbekümmert. »Genau das habe ich immer befürchtet. Deshalb trage ich die wichtigsten Utensilien stets bei mir. Ich finde Salate einfach herrlich.«

Und zum großen Erstaunen der beiden Männer zog er einen Pfefferstreuer aus seiner Westentasche und stellte ihn auf den Tisch.

»Ich frage mich, wieso der Einbrecher auch den Senf mitgenommen hat«, fuhr er fort und holte aus einer anderen Tasche einen Senftiegel. »Vermutlich für ein Senfpflaster. Und Essig«, auch dieses Würzmittel kam zum Vorschein, »habe ich nicht mal etwas über Essig und Packpapier gehört? Das Öl ist, glaube ich, hier links…«

Einen kurzen Moment hielt er in seiner Geschwätzigkeit inne, hob den Blick und sah, was keiner außer ihm bemerkte: die schwarze Gestalt Dr. Omans, der auf dem sonnenbeschienenen Rasen stand und unverwandt ins Zimmer starrte. Bevor er sich wieder gefasst hatte, ergriff Cray das Wort.

»Sie sind ein komischer Vogel«, sagte er und starrte ihn an. »Ich werde mir einmal Ihre Predigten anhören, falls sie genauso amüsant sind wie Ihr Benehmen.« Seine Stimme schwankte ein wenig, und er lehnte sich in seinem Stuhl zurück.

»Oh, man kann ja auch über Gewürzständer predigen«, sagte Pater Brown ernsthaft. »Haben Sie noch nie etwas von dem Glauben gehört, der einem Senfkorn gleicht, oder von der Barmherzigkeit, die mit Öl salbt? Und was den Essig angeht, können Soldaten jemals jenen einsamen Soldaten vergessen, der, als die Sonne sich verfinsterte ...«

Oberst Cray beugte sich ein wenig nach vorne und packte krampfhaft das Tischtuch.

Pater Brown, der gerade den Salat machte, gab zwei Löffel Senf in das Wasserglas, das neben ihm stand, erhob sich und sagte plötzlich laut und mit völlig veränderter Stimme:»Trinken Sie das!«

Im selben Augenblick stürzte der Doktor, der bis dahin reglos im Garten gestanden hatte, auf das Haus zu, stieß ein Fenster auf und rief:»Werde ich gebraucht? Ist er vergiftet worden?«

»Beinahe«, erwiderte Brown mit einem Anflug von Lächeln, denn das Brechmittel hatte eine äußerst unmittelbare Wirkung. Cray lag in einem Lehnstuhl. Er rang nach Luft, aber er lebte.

Major Putnam war aufgesprungen, sein rotes Gesicht voller Flecken.»Ein Verbrechen!«, rief er heiser.»Ich werde die Polizei holen!«

Der Priester konnte hören, wie er seinen Palmblätterhut vom Haken riss und zur Eingangstür hinausstürzte; dann fiel das Gartentor ins Schloss. Er aber stand nur da und sah Cray an, und nach kurzem Schweigen sagte er:

»Ich werde keine großen Worte machen; aber ich werde Ihnen sagen, was Sie wissen wollen. Auf Ihnen liegt kein Fluch. Der Tempel des Affen war entweder ein Zufall oder ein Teil des Spiels; das Spiel eines weißen Mannes. Es gibt nur eine einzige Waffe, die bei einer federleichten Berührung eine Blutspur hinterlässt: ein Rasiermesser in der Hand eines Weißen. Es gibt nur eine Methode, einen gewöhnlichen Raum mit unsichtbarem, betäubendem Gift zu füllen: das Aufdrehen des Gashahns – das Verbrechen eines weißen Mannes. Und es gibt nur einen Schlagstock, den man aus dem Fenster schleudern kann, der in der Luft umdreht und durchs Nachbarfenster zurückkommt: den australischen Bumerang. Im Arbeitszimmer des Majors können Sie einige davon bewundern.«

Damit verließ er das Zimmer und sprach kurz mit dem Doktor. Im nächsten Augenblick stürzte Audrey Watson ins Haus und fiel neben Crays Stuhl auf die Knie. Er konnte nicht hören, was sie sprachen, aber in ihren Gesichtern stand Erstaunen, keine Traurigkeit. Der Doktor und der Priester schlenderten langsam auf das Gartentor zu.

»Ich nehme an, dass der Major ebenfalls in sie verliebt war«, sagte er seufzend, und als der andere nickte, stellte er fest: »Sie waren sehr edelmütig, Doktor. Das haben Sie großartig gemacht. Aber was ließ Sie Verdacht schöpfen?«

»Nur eine Kleinigkeit«, entgegnete Oman. »Aber sie ließ mich in der Kirche nicht zur Ruhe kommen, bis ich zurückging, um mich davon zu überzeugen, dass alles in Ordnung war. Dieses

Buch auf dem Tisch war ein Werk über Gifte, und es war an einer Stelle aufgeschlagen, die sich mit einem bestimmten indischen Gift befasst, das tödlich wirkt und schwer nachzuweisen ist, aber durch das einfachste Brechmittel unschädlich gemacht werden kann. Ich glaube, das hat er wirklich im letzten Augenblick gelesen...«

»Und daran gedacht, dass sich in dem Gewürzständer Brechmittel befanden«, unterbrach ihn Pater Brown. »Genau. Er warf den Gewürzständer in den Müllbehälter – wo ich ihn zusammen mit dem übrigen Silber fand –, um einen Einbruch vorzutäuschen. Aber wenn Sie sich den Pfefferstreuer ansehen, den ich auf den Tisch gestellt habe, werden Sie ein kleines Loch entdecken. Dort hat Crays Kugel eingeschlagen, wirbelte den Pfeffer auf und brachte den Verbrecher zum Niesen.«

Sie schwiegen. Dann sagte Oman grimmig: »Der Major braucht ziemlich lange, um die Polizei zu suchen.«

»Oder die Polizei, um den Major zu suchen«, versetzte der Priester. »Leben Sie wohl.«

DAS HUNDEORAKEL

»Doch«, sagte Pater Brown, »ich mag Hunde sehr gern, solange man sie nur als Tiere betrachtet.«

Gute Geschichtenerzähler sind nicht immer gute Zuhörer. Zuweilen erweisen sich selbst geistreiche Menschen als begriffsstutzig. Pater Browns Freund und Besucher war ein junger Mann, der vor Ideen und Geschichten nur so übersprudelte, ein enthusiastischer Jungspund namens Fiennes, mit hellwachen blauen Augen und einem blonden Haarschopf, der aussah, als hätte ihn nicht einfach nur eine Bürste nach hinten gestriegelt, sondern der Wind des Lebens, durch das er hindurchfegte. Er unterbrach seinen Redefluss für einen Moment und schwieg verdutzt, ehe er den schlichten Sinn der Worte von Pater Brown erkannte.

»Meinen Sie, dass die Leute sie zu sehr vergöttern?«, fragte er.

»Ach, ich weiß nicht. Es sind herrliche Geschöpfe. Manchmal glaube ich, sie wissen viel mehr als wir.«

Pater Brown erwiderte nichts, sondern fuhr fort, dem großen Jagdhund halb unbewusst den Kopf zu streicheln, was dieser offensichtlich genoss.

»Also«, sagte Fiennes, der sich bereits wieder warmredete, »bei dem Fall, wegen dem ich Sie aufgesucht habe, spielt auch ein Hund eine Rolle: dem sogenannten ›Fall des Unsichtbaren Mörders‹, wissen Sie. Es ist eine seltsame Geschichte, aber meiner Ansicht nach ist der Hund das Seltsamste daran. Sicher, das Verbrechen an sich

90

ist höchst geheimnisvoll, und wie der alte
Druce von einem anderen Menschen
getötet werden konnte, während er ganz
allein in seiner Gartenlaube saß…«

Die Hand, die den Hund strei-
chelte, hielt in ihrer gleichmäßi-
gen Bewegung einen Augen-
blick inne, und Pater Brown
sagte ruhig:»Ach, es war also
eine Gartenlaube?«

»Ich dachte, Sie hätten
alles darüber in der Zei-
tung gelesen«, entgegnete
Fiennes.»Warten Sie mal – ich
glaube, ich habe einen Ausschnitt bei mir, dem Sie alle Einzelheiten entnehmen können.« Er zog einen Zeitungsstreifen aus seiner Tasche und reichte ihn dem Priester; dieser fing an zu lesen,
indem er ihn mit einer Hand dicht vor seine blinzelnden Augen
hielt und mit der anderen zerstreut fortfuhr, den Hund zu lieb-
kosen. Es sah aus wie das Gleichnis von dem Mann, dessen rechte
Hand nicht weiß, was die linke tut.

*»Viele Detektivgeschichten über Menschen, die hinter verschlosse-
nen Türen und Fenstern ermordet wurden, und Mörder, die ent-
flohen, ohne dabei einen Ein- oder Ausgang zu benutzen, wurden
im Zuge der außergewöhnlichen Ereignisse in Cranston an der
Küste von Yorkshire Wirklichkeit. Dort wurde Oberst Druce hin-
terrücks erstochen aufgefunden. Von der Tatwaffe, einem Dolch,
fehlt jede Spur, sie wurde weder am Tatort noch in der umliegen-
den Gegend gefunden.*

*Die Gartenlaube, in der er starb, verfügte tatsächlich nur über
einen einzigen Eingang, die Tür, die auf Hauptweg des Gartens,*

der zum Haus führt, hinausging. Durch eine Verkettung von Um-
ständen, die man beinahe Zufall nennen könnte, wurden Weg und
Eingang anscheinend während der fraglichen Zeit beobachtet, und
es gibt eine Reihe von Zeugen, deren Aussagen dahingehend über-
einstimmen. Die Laube steht am äußersten Ende des Gartens, wo
es keinerlei weiteren Ein- oder Ausgang gibt. Der Hauptweg ist ein
Gartenpfad zwischen zwei Reihen riesiger Rittersporntauden, die
so eng gepflanzt sind, dass jeder Schritt ab vom Weg eine Spur hin-
terlassen würde; Pfad und Stauden laufen unmittelbar auf den
Eingang der Laube zu, sodass jedes Verlassen des kerzengeraden
Wegs keinesfalls unbemerkt bleiben würde. Eine andere Form des
Zutritts ist nicht vorstellbar.

Patrick Floyd, der Sekretär des Ermordeten, sagte aus, dass er
sich an einem Ort befand, von dem aus er den ganzen Garten
überblicken konnte, und zwar von dem Augenblick an, wo der
Oberst zuletzt lebend in der Tür erschien, bis zu dem Zeitpunkt, an
dem er tot aufgefunden wurde: er habe nämlich auf der obersten
Sprosse einer Trittleiter gestanden und die Gartenhecke geschnit-
ten. Janet Druce, die Tochter des Toten, bestätigte diese Aussage
und gab an, sie habe die ganze Zeit über auf der Terrasse des Hau-
ses gesessen und Floyd bei der Arbeit gesehen. Auch dies wird, zu-
mindest für einen Teil der Zeit, von Donald Druce, ihrem Bruder,
bestätigt, der im Morgenrock – er war spät aufgestanden – am
Schlafzimmerfenster gestanden und von dort in den Garten ge-
sehen hatte. Schlussendlich decken sich diese Angaben mit der Aus-
sage Dr. Valentines, einem Nachbarn, der vorbeigekommen war,
um eine Weile mit Miss Druce auf der Terrasse zu plaudern, und
mit der Aussage von Mr. Aubrey Traill, dem Rechtsanwalt des
Oberst, der den Ermordeten offenbar als letzter lebend gesehen
hat – mit Ausnahme des Mörders vermutlich.

Alle stimmen darin überein, dass sich die Ereignisse folgender-
maßen zugetragen haben: Etwa um halb vier Uhr nachmittags

ging Miss Druce den Pfad hinab, um ihren Vater zu fragen, wann er seinen Tee wünsche; doch er sagte, er wolle keinen, er würde auf Traill, seinen Anwalt, warten, den man zu ihm in die Gartenlaube schicken solle. Auf dem Rückweg traf das Mädchen Traill, der den Gartenpfad entlangkam; sie wies ihn zu ihrem Vater in die Laube, wo er auch hinging. Etwa eine halbe Stunde später kam er wieder heraus, der Oberst begleitete ihn bis zur Tür und war augenscheinlich in bester Verfassung und sogar glänzend gelaunt. Etwas früher am Tag hatte er sich über die Nachtschwärmereien seines Sohnes geärgert, schien aber seinen Groll überwunden und zu normaler Verfassung zurückgefunden zu haben, denn er hatte andere Gäste ganz ausgesprochen herzlich empfangen, darunter seine beiden Neffen, die an diesem Tag zu Besuch gekommen waren. Da sich diese jedoch während des gesamten Zeitraums, in dem sich die Tragödie ereignete, auf einem Spaziergang befanden, konnten sie keinerlei Aussage machen. Man behauptet, dass das Verhältnis zwischen dem Oberst und Dr. Valentine nicht besonders gut gewesen sei, doch dieser Gentleman hatte nur eine kurze Unterredung mit der Tochter des Hauses, der er angeblich ernsthaft den Hof macht.

Rechtsanwalt Traill gibt an, den Oberst allein in der Gartenlaube zurückgelassen zu haben, dies wird von Floyd bestätigt, der aus seiner Vogelperspektive sehen konnte, dass niemand sonst die Laube betrat. Zehn Minuten später ging Miss Druce erneut durch den Garten, und sie hatte das Ende des Pfads noch nicht erreicht, als sie ihren Vater, deutlich zu erkennen an seinem weißen Leinenjackett, ungestalt am Boden liegen sah. Sie stieß einen Schrei aus, der die anderen sofort herbeieilen ließ, und als sie die Laube betraten, fanden sie den Oberst tot neben seinem umgestürzten Korbsessel liegen. Dr. Valentine, der sich noch in unmittelbarer Nähe aufhielt, stellte fest, dass die Wunde von einer Art Stilett herrührte, das unterhalb des Schulterblatts eingedrungen war und das

Herz durchbohrt hatte. Die Polizei hat die ganze Umgebung nach einer derartigen Waffe abgesucht, aber keine Spur davon entdecken können.«

»Oberst Druce trug also ein weißes Jackett?«, fragte Pater Brown, als er den Zeitungsausschnitt sinken ließ.

»Das hat er sich in den Tropen angewöhnt«, erwiderte Fiennes leicht erstaunt. »Laut eigener Aussage hat er dort ein paar abenteuerliche Dinge erlebt; und ich schätze, seine Abneigung gegen Valentine hatte etwas damit zu tun, dass der Arzt ebenfalls aus den Tropen kam. Aber die ganze Sache ist ein verdammtes Rätsel. Der Zeitungsbericht ist ziemlich genau – ich habe die Tragödie nicht selbst erlebt, denn ich war nicht dabei, als sie ihn fanden; ich war mit den beiden Neffen und dem Hund spazieren – mit dem Hund, von dem ich Ihnen erzählen wollte. Aber ich habe die Szenerie exakt so gesehen, wie sie hier beschrieben wird: den schnurgeraden Pfad zwischen den blauen Blumen bis hin zu dem schattigen Eingang; den schwarz gekleideten Rechtsanwalt mit Zylinder, der ihn entlangging; den roten Schopf des Sekretärs hoch über der grünen Hecke, die er mit seiner Gartenschere bearbeitete. Diesen roten Schopf hätte niemand übersehen können, egal aus welcher Entfernung, und wenn die Leute behaupten, sie hätten ihn die ganze Zeit über dort gesehen, dann stimmt das auch. Dieser rothaarige Sekretär Floyd ist wirklich ein Original, ein hektischer, umtriebiger Kerl, der ständig die Arbeit anderer Leute erledigt, wie in diesem Fall die des Gärtners. Ich glaube, er ist Amerikaner; jedenfalls hat er diese amerikanische Art, ins Leben zu sehen – den Standpunkt, wie sie das nennen… du meine Güte.«

»Was ist mit dem Rechtsanwalt?«, wollte Pater Brown wissen.

Fiennes schwieg einen Augenblick und sprach dann für seine Verhältnisse ziemlich langsam: »Traill kam mir sonderbar vor. In seiner eleganten schwarzen Kleidung wirkte er fast geckenhaft, trotzdem würde man ihn kaum als modebewusst bezeichnen. Denn er trug einen langen, üppigen schwarzen Backenbart, wie man ihn seit Viktorianischer Zeit nicht mehr gesehen hat. Er hatte ein vorneh- mes, ernstes Gesicht und ein vornehmes, ernstes Auftreten, aber hin und wieder schien er sich zu erinnern, dass ein Lächeln angebracht sei. Und wenn er

seine weißen Zähne zeigte, schien er leicht an Würde zu verlieren, er bekam sogar etwas Kriecherisches. Es mag auch reine Verlegen- heit gewesen sein, denn er spielte nervös mit seinem Halstuch und der Krawattennadel, die zugleich hübsch und sonderbar waren, ge- nau wie er selbst. Wenn jemand in Frage käme… aber was soll das alles, es ist doch ausgeschlossen. Niemand weiß, wer es getan hat. Niemand weiß, wie es getan werden konnte. Eine Ausnahme wür- de ich allerdings machen, und nur deshalb erwähne ich die ganze Sache. Der Hund weiß es.«

Pater Brown seufzte und sagte dann zerstreut: »Sie waren dort, weil Sie mit dem jungen Donald befreundet sind, nicht wahr? Aber bei dem Spaziergang war er nicht dabei, oder?«

»Nein«, erwiderte Fiennes lächelnd. »Der Halunke war erst morgens zu Bett gegangen und nachmittags aufgestanden. Ich be- gleitete seine beiden Vettern, zwei junge Offiziere aus Indien, und dementsprechend belanglos war unsere Unterhaltung. Ich weiß noch, dass der ältere, der, glaube ich, Herbert Druce heißt und der als hervorragender Pferdezüchter gilt, über nichts anderes als eine Stute sprach, die er gekauft hatte, und über den Schurken, der sie ihm verkauft hatte; sein Bruder Harry schien währenddessen über sein Spielerpech in Monte Carlo nachzugrübeln. Ich erwähne das nur, um Ihnen in Anbetracht der Dinge, die sich auf unserem Spaziergang ereigneten, deutlich zu machen, dass keiner von uns etwas Übersinnliches an sich hatte. Der einzig Geheimnisvolle in unserer Gruppe war der Hund.«

»Was war das für ein Hund?«, fragte der Priester.

»Gleiche Rasse wie der hier«, entgegnete Fiennes. »Das hat mich ja erst auf die Geschichte gebracht, Ihre Aussage, man solle in Hunden nicht mehr sehen, als sie sind. Er ist ein großer schwarzer Retriever und hört auf den Namen Nox – ein sehr passender Name übrigens, denn ich glaube, was er anstellte, ist ein noch dunkleres Geheimnis als der Mord. Wie Sie wissen, liegen Druces Haus und Garten am Meer; wir gingen etwa eine Meile am Strand entlang und dann den gleichen Weg zurück. Wir kamen an einem merkwürdigen Felsen, dem sogenannten Schicksalsfelsen vorüber, der in der Gegend berühmt ist, weil er einer von diesen Steinen ist, der nur mit der Spitze auf einem anderen Stein balanciert und bei der leisesten Berührung herabstürzen würde. Er ist nicht besonders hoch, aber durch seine überhängende Form wirkt er ziemlich wild und bedrohlich; jedenfalls in meinen Augen, ich kann mir nicht vorstellen, dass meine unbekümmerten jungen Begleiter viel Sinn fürs Pittoreske hatten. Vielleicht spürte ich auch nur, dass eine Stimmung in der Luft lag; denn genau in diesem Augenblick kam die Frage auf, ob es an der Zeit sei, zum Tee zurückzukehren, und da hatte ich, glaube ich, eine Vorahnung, dass die Zeit bei der Angelegenheit eine große Rolle spielte. Weder Herbert Druce noch ich hatten eine Uhr, also riefen wir seinen Bruder, der ein paar Schritte zurückgeblieben war, um sich im Schutz der Hecke seine Pfeife anzuzünden. So kam es, dass er durch das zunehmende Halbdunkel mit lauter Stimme die Uhrzeit, es war zwanzig nach vier, herüberschrie; und irgendwie bewirkte die Lautstärke, dass

96

es wie die Verkündung eines schrecklichen Unheils klang. Seine Unbefangenheit verstärkte das Gefühl noch; aber das ist ja bei Vorzeichen meistens der Fall; und bestimmte Augenblicke an diesem Nachmittag waren tatsächlich besonders bedeutungsvoll. Laut Dr. Valentines Aussage war der arme Druce wirklich gegen halb fünf gestorben.

Nun, die Jungs meinten, wir hätten noch zehn Minuten Zeit, also gingen wir noch ein wenig den Strand entlang, ohne etwas Besonderes zu tun – wir warfen Steine für den Hund und schleuderten Stöcke ins Meer, die er apportieren sollte. Doch mir erschien die Dämmerung immer bedrückender, und der bloße Schatten des überhängenden Schicksalsfelsens lag auf mir wie eine Last. Und dann geschah das Merkwürdige. Nox hatte soeben Herberts Spazierstock aus dem Meer geholt, sein Bruder hatte seinen Stock ebenfalls hineingeworfen. Der Hund schwamm wieder hinaus, aber auf einmal – es musste gerade halb fünf geschlagen haben – hörte er auf zu schwimmen. Er kehrte ans Ufer zurück und blieb vor uns stehen. Dann warf er den Kopf zurück und stieß ein Geheul aus – ein so klagendes Wehgeheul, wie ich es noch nie im Leben gehört habe. ›Was zum Teufel ist mit dem Hund los?‹, fragte Herbert, aber keiner von uns konnte ihm eine Antwort geben. Nachdem das Heulen und Winseln des Tiers an der einsamen Küste verstummt war, herrschte langes Schweigen, das plötzlich unterbrochen wurde. Unterbrochen, so wahr ich lebe, von einem schwachen, fernen Schrei, dem Schrei einer Frau, der jenseits der Hecken vom Land her zu kommen schien. Damals wussten wir noch nicht, was es war, doch später erfuhren wir es. Es war der Schrei, den das Mädchen ausstieß, als es den Leichnam seines Vaters entdeckte.«

»Sie gingen zurück, nehme ich an«, sagte Pater Brown geduldig. »Was geschah dann?«

»Ich will Ihnen sagen, was dann geschah«, versetzte Fiennes mit finsterem Nachdruck. »Das erste, was wir erblickten, als wir in diesen Garten zurückkamen, war Rechtsanwalt Traill; ich sehe ihn noch vor mir, mit seinem schwarzen Hut und seinem schwarzen Backenbart, die sich vor dem Hintergrund der bis zur Laube reichenden blauen Blumen abhoben, dahinter den Sonnenuntergang und den seltsamen Umriss des Schicksalsfelsens. Sein Gesicht und seine Gestalt lagen im Schatten, doch ich könnte schwören, dass er seine weißen Zähne zeigte und lächelte.

Kaum hatte Nox den Anwalt erblickt, stürmte er auf ihn zu, blieb mitten auf dem Weg stehen und bellte ihn völlig außer sich an; ein mörderisches Gebell, als würde er Flüche und schreckliche Hasstiraden gegen den Mann ausstoßen. Der Mann duckte sich und flüchtete zwischen den Blumen den Pfad hinauf.«

Pater Brown sprang mit erschreckender Ungeduld auf.

»Also hat der Hund ihn denunziert, ja?«, rief er. »Das Hundeorakel hat ihn verurteilt. Haben Sie gesehen, welche Vögel in der Luft waren, und wissen Sie auch, ob sie rechts oder links vorbeiflogen? Haben Sie auch die Auguren wegen der Opfer befragt? Bestimmt haben Sie nicht versäumt, den Hund aufzuschneiden und seine Eingeweide zu beschauen. Auf diese Art von wissenschaftlicher Prüfung scheint ihr aufgeklärten Heiden euch ja zu verlassen, wenn ihr vorhabt, einen Menschen um sein Leben und seine Ehre zu bringen.«

Fiennes saß einen Augenblick lang gaffend da, bevor er wieder zu Atem kam und hervorbrachte: »Aber, was haben Sie denn? Was habe ich jetzt wieder angestellt?«

In die Augen des Priesters stahl sich ein Ausdruck von Unsicherheit – der Unsicherheit eines Mannes, der im Dunkeln gegen einen Pfosten gelaufen ist und sich einen Moment lang fragt, ob er ihn beschädigt hat.

»Es tut mir schrecklich leid«, sagte er aufrichtig betrübt. »Ich bitte meine Grobheit zu entschuldigen, bitte verzeihen Sie mir.«

Fiennes sah ihn neugierig an. »Manchmal glaube ich, Sie sind das größte Mysterium von allen«, sagte er. »Aber wenn Sie schon nicht an das Geheimnis des Hundes glauben wollen, an dem Geheimnis des Menschen kommen Sie nicht vorbei. Sie können nicht leugnen, dass genau in dem Augenblick, als das Tier aus dem Meer zurückkam und bellte, die Seele seines Herrn aus dem Leib getrieben wurde – durch den Stoß einer unsichtbaren Macht, die kein Sterblicher erkennen oder sich auch nur vorstellen kann. Und was den Rechtsanwalt betrifft – ich halte mich da nicht nur an den Hund –, gibt es auch noch andere merkwürdige Details. Er kam mir wie ein glatter, lächelnder, doppelzüngiger Mensch vor; und eine seiner Angewohnheiten erschien mir fast wie ein Wink. Wie Sie wissen, waren Arzt und Polizei sehr rasch zur Stelle; Valentine wurde zurückgeholt, als er sich gerade vom Haus entfernte, und er telefonierte sofort. Dieser Umstand, die Abgeschiedenheit des Hauses, die geringe Anzahl von Personen und das eingezäunte Grundstück erlaubten es, wirklich jeden zu durchsuchen, der in der Nähe war; und jedermann wurde genauestens durchsucht – nach einer Waffe. Das ganze Haus, der Garten und der Strand wurden nach einer Waffe durchkämmt. Das Verschwinden des Dolchs ist beinahe ebenso aberwitzig wie das Verschwinden des Täters.«

»Das Verschwinden des Dolchs«, wiederholte Pater Brown nickend. Er schien plötzlich aufmerksam geworden zu sein.

»Also«, fuhr Fiennes fort, »ich habe Ihnen doch erzählt, dass Traill die Angewohnheit hatte, an seinem Halstuch und an der Krawattennadel herumzuzupfen – vor allem an der Nadel. Sie war, genau wie er, protzig und altmodisch in einem. Sie war mit einem jener Steine versehen, die aus konzentrischen, bunten Kreisen bestehen, die aussehen wie ein Auge, und dass er darauf so fixiert war, ging mir auf die Nerven, als wäre er ein Zyklop mit einem einzigen Auge in der Körpermitte. Doch die Nadel war nicht nur groß, sondern auch lang; und mir kam plötzlich der Gedanke, dass seine

100

Sorge um ihren korrekten Sitz daher rührte, dass sie noch länger war, als sie aussah; genau genommen so lang wie ein Stilett.«

Pater Brown nickte nachdenklich. »Wurde jemals eine andere Waffe in Betracht gezogen?«, forschte er.

»Ja«, erwiderte Fiennes, »einer der beiden jungen Druces – ich meine die Vettern – hatte noch eine Idee. Weder Herbert noch Harry erweckten zunächst den Anschein, als ob sie bei einer wissenschaftlichen Untersuchung eine große Hilfe wären; Herbert war wirklich ein Dragoner wie aus dem Bilderbuch, er interessierte sich ausschließlich für Pferde und war eine Zierde der Gardekavallerie; sein jüngerer Bruder hingegen hatte der indischen Polizei angehört und kannte sich mit derlei Dingen ein wenig aus. Auf seine Art war er sogar ziemlich gescheit; ich schätze fast, ein wenig zu gescheit; immerhin schied er aus dem Polizeidienst aus, weil er irgendwelche bürokratischen Regeln missachtet und auf eigenes Risiko und auf eigene Verantwortung gehandelt hat. Jedenfalls war er gewissermaßen ein Detektiv außer Dienst und stürzte sich mit mehr als dem Eifer eines Amateurs auf die Sache. Mit ihm hatte ich auch den Streit über die Waffe – einen Streit, der uns auf eine neue Spur brachte. Es begann damit, dass er meiner Beschreibung, wie der Hund Traill anbellte, widersprach; er behauptete, dass ein Hund, wenn es darauf ankommt, nicht belle, sondern knurre.«

»Womit er ja auch recht hatte«, bemerkte der Priester.

»Ferner sagte der junge Bursche, was diesen Punkt beträfe, so hätte er Nox andere Leute vorher schon anknurren gehört, darunter auch Floyd, den Sekretär. Ich entgegnete, damit würde sich sein Einwand von selbst erledigen; schließlich könne das Verbrechen ja nicht zwei oder drei Leuten angelastet werden, am wenigsten Floyd, der so unschuldig sei wie ein junger Hallodri und der die ganze Zeit über von jedermann gesehen worden war, wie er mit seinem roten Haarschopf, hervorstechend wie ein scharlachroter Kakadu, über der Gartenhecke hing. ›Ich weiß, die Sache ist nicht einfach‹, erwiderte mein Gesprächspartner, ›aber ich wünschte, Sie würden kurz mit mir in den Garten kommen. Ich möchte Ihnen etwas zeigen, was meiner Ansicht nach noch niemand gesehen hat.‹ Es war eben der Tag, an dem der Mord entdeckt worden war, und im Garten war noch alles unverändert. Die Trittleiter stand noch an der Hecke, und genau an dieser Steller blieb mein Begleiter stehen und zog etwas aus dem hohen Gras hervor. Es war die Schere, mit der die Hecke gestutzt worden war, und an einer Spitze klebte Blut.«

Ein kurzes Schweigen entstand, dann fragte Pater Brown unvermittelt: »Weshalb war der Rechtsanwalt da?«

»Er erzählte uns, der Oberst habe ihn kommen lassen, um sein Testament zu ändern«, entgegnete Fiennes. »Übrigens sollte ich im Zusammenhang mit dem Testament noch etwas anderes erwähnen. Es wurde nämlich nicht an jenem Nachmittag in der Gartenlaube unterzeichnet, wissen Sie.«

»Davon gehe ich aus«, gab Pater Brown zurück; »sonst hätten zwei Zeugen zugegen sein müssen.«

»Tatsächlich kam der Anwalt bereits am Tag zuvor, und das Testament wurde unterzeichnet; aber am nächsten Tag wurde er nochmals bestellt, denn dem Alten waren Zweifel an einem der Zeugen gekommen, die er beseitigt wissen wollte.«

»Wer waren denn die Zeugen?«, fragte Pater Brown.

»Das ist es ja gerade«, versetzte sein Informant eifrig, »die beiden Zeugen waren Floyd, der Sekretär, und dieser Dr. Valentine, dieser ausländische Chirurg, oder was immer er ist; und die beiden hatten eine Auseinandersetzung. Nun muss ich zugeben, dass der Sekretär ein ziemlicher Wichtigtuer ist. Er gehört zu jenen hitzigen und ungestümen Menschen, die aufgrund ihres heftigen Temperaments unglücklicherweise zu Streitsucht und schnaubendem Argwohn neigen, die anderen Leuten misstrauen, anstatt ihn zu trauen. Dieser rothaarige Hitzkopf ist stets entweder vollkommen leichtgläubig oder vollkommen ungläubig; manchmal auch beides. Er war nicht nur ein Hansdampf in allen Gassen, er wusste auch in jedem Punkt besser Bescheid als jeder Fachmann. Außerdem wusste er nicht nur alles, sondern warnte auch jeden vor allen anderen. All das muss man in Betracht ziehen, wenn man seinen Verdacht gegen Valentine bedenkt; in diesem speziellen Fall schien jedoch wirklich etwas dahinterzustecken. Er behauptete, Valentine hieße in Wirklichkeit gar nicht Valentine. Er sagte, er sei ihm an einem anderen Ort unter dem Namen De Villon begegnet. Er sagte, dies mache das Testament ungültig; und selbstverständlich besaß er die Freundlichkeit, dem Anwalt die Rechtslage in einem solchen Fall zu erläutern. Beide waren furchtbar wütend.«

Pater Brown lachte.»Das sind die Menschen häufig, wenn sie ein Testament unterzeichnen sollen«, sagte er,»das liegt manchmal auch daran, dass sie darin nicht als Erben genannt werden. Aber was hat Dr. Valentine gesagt? Sicherlich wusste der allwissende Sekretär mehr über den Namen des Doktors als dieser selbst. Vielleicht aber wusste selbst der Doktor das ein oder andere über seinen Namen beizusteuern.«

Fiennes hielt einen Augenblick inne, bevor er fortfuhr.

»Dr. Valentine nahm es ziemlich merkwürdig auf. Dr. Valentine ist ein merkwürdiger Mensch. Er ist eine auffällige Erscheinung, wenn auch sehr fremdländisch. Er ist jung, aber trägt einen quadratisch gestutzten Bart; sein Gesicht ist sehr bleich, erschreckend bleich und schrecklich ernst. In seinen Augen liegt ein Schmerz, als ob er besser eine Brille trüge oder vom vielen Nachdenken Kopfschmerzen hätte; trotzdem ist er ein gutaussehender Mann und stets korrekt gekleidet, mit Zylinder, dunklem Rock und einer kleinen roten Rose im Knopfloch. Er benimmt sich recht kühl und hochmütig, und seine Art, einen anzustarren, ist zuweilen höchst irritierend. Als er sich nun mit dem Vorwurf konfrontiert sah, seinen Namen geändert zu haben, stierte er lediglich wie eine Sphinx vor sich hin und erwiderte mit einem kurzen Lachen, er nehme an, Amerikaner hätten keine Namen, die sie ändern könnten. Ich glaube, daraufhin geriet auch der Oberst in Rage und bedachte den Doktor mit allerlei groben Worten, die umso zorniger waren, da ihm dessen Absichten bezüglich eines künftigen Platzes in der Familie durchaus bewusst waren. Ich hätte mir dabei nicht viel gedacht, wenn mir nicht etwas später, am frühen Nachmittag vor der Tragödie, zufällig ein paar Worte zu Ohren gekommen wären. Ich will keine große Affäre daraus machen, denn es handelte sich um jene Art von Gespräch, bei dem man normalerweise nur ungern Zeuge wird. Als ich mit meinen beiden Begleitern und dem Hund auf das Eingangstor zuschritt, vernahm ich die Stimmen von Miss Druce und Dr. Valentine, die sich für einen Augenblick in den Schatten des Hauses zurückgezogen hatten, in einen von blühenden Pflanzen verborgenen Winkel. Sie sprachen miteinander in leidenschaftlichem Flüstern, manchmal fast wie ein Zischen, es klang wie ein Zwist unter Liebenden und war gleichzeitig ein Stelldichein. Kein Mensch würde die meisten Dinge, die sie sagten, wiederholen wollen, aber angesichts eines derart tragischen Ereignisses sehe ich mich gezwungen, zu berichten, dass mehr als einmal die Rede davon war, jemanden umzubringen. Wenn ich es richtig verstanden habe, flehte das Mädchen ihn an, jemanden nicht zu töten, oder sie sagte, keine noch so große Provokation würde den Mord an einem Menschen rechtfertigen. Ziemlich ungewöhnliche Unterhaltung mit einem Gentleman, der mal eben zum Tee vorbeischaut, finde ich.«

»Erinnern Sie sich«, wollte der Priester wissen, »ob Dr. Valentine nach der Szene mit dem Sekretär und dem Oberst besonders verärgert war – ich meine wegen der Unterzeichnung des Testaments?«

»Jedenfalls war er nicht halb so verärgert wie der Sekretär«, erwiderte Fiennes. »Es war der Sekretär, der nach der Unterzeichnung wutschnaubend davonstürzte.«

»Und nun«, bat Pater Brown, »erzählen Sie mir, was es mit dem Testament auf sich hat.«

»Der Oberst war ein sehr reicher Mann, und sein Testament war von Bedeutung. Traill wollte uns zum damaligen Zeitpunkt nichts über die Änderung sagen, aber ich habe inzwischen erfahren – erst heute morgen, um genau zu sein –, dass ein Großteil des Vermögens vom Sohn auf die Tochter übertragen wurde. Ich habe Ihnen ja berichtet, dass Druce über den Lebenswandel meines Freundes Donald wütend war.«

»Die Frage nach dem Motiv wurde von der Frage nach der Ausführung ziemlich in den Hintergrund gedrängt«, bemerkte Pater Brown nachdenklich. »So wie es aussieht, hat Miss Druce momentan durch den Tod ihres Vaters den größten Vorteil.«

»Lieber Gott! Wie kann man so kaltblütig reden!«, rief Fiennes und starrte ihn an. »Wollen Sie damit andeuten, dass sie…«

»Wird sie diesen Dr. Valentine heiraten?«, unterbrach ihn der andere.

»Manche Leute sind dagegen«, entgegnete sein Freund. »Aber er ist hier in der Gegend beliebt und angesehen, außerdem ist er ein fähiger und leidenschaftlicher Chirurg.«

»Ein so leidenschaftlicher Chirurg«, wandte Pater Brown ein, »dass er sein Operationsbesteck bei sich hatte, als er die junge Dame zur Teezeit aufsuchte. Denn er muss ein Skalpell oder etwas Ähnliches benutzt haben, außerdem scheint er zwischendurch nicht nach Hause gegangen zu sein.«

Fiennes sprang auf und blickte ihn mit brennender Neugier an. »Wollen Sie andeuten, dass er vielleicht dasselbe Skalpell benutzt hat…«

Pater Brown schüttelte verneinend den Kopf. »All diese Andeutungen sind vorläufig reine Phantasien«, erklärte er. »Die Frage ist nicht, wer es getan hat und womit, sondern wie es getan wurde. Uns mögen zahlreiche Tatverdächtige einfallen und ebenso viele Tatwaffen: Nadeln, Scheren und Skalpelle. Aber wie ist der Täter in den Raum gelangt? Wie konnte dort auch nur eine Nadel hineingelangen?«

Während er sprach, starrte er nachdenklich zur Decke, doch bei seinen letzten Worten trat ein gespannter Ausdruck in seinen Blick, als hätte er dort oben eine vom Aussterben bedrohte Fliege erkannt.

»Also, wie würden Sie jetzt vorgehen?«, fragte der junge Mann. »Sie haben doch soviel Erfahrung; was würden Sie mir raten?«

»Ich fürchte, ich bin keine große Hilfe«, entgegnete Pater Brown seufzend. »Ich kann nicht viel dazu sagen, da ich weder die Örtlichkeiten noch die Personen näher kenne. Im Augenblick können Sie lediglich ihre Nachforschungen vor Ort fortsetzen. Wenn ich Sie recht verstanden habe, hat Ihr Freund von der indischen Polizei mehr oder weniger die Leitung Ihrer Untersuchung dort übernommen. An Ihrer Stelle würde ich hinfahren und nachsehen, wie er vorankommt. Herausfinden, wie er sich als Amateurdetektiv anstellt. Vielleicht gibt es ja schon neue Erkenntnisse.«

Nachdem sich seine Gäste, der zweibeinige und der vierbeinige, entfernt hatten, nahm Pater Brown seinen Federhalter und widmete sich erneut der Tätigkeit, bei der er unterbrochen worden war: der Vorbereitung einer Vortragsreihe über die Enzyklika *Rerum Novarum*. Es war ein umfassendes Thema, er musste seine Ausführungen mehrmals überarbeiten, sodass er noch genauso damit beschäftigt war, als etwa zwei Tage später der große schwarze Hund erneut ins Zimmer gesprungen kam und ihn vor Begeisterung und Aufregung fast umwarf. Sein Herr, der ihm nachfolgte, teilte zwar die Aufregung, nicht aber die Begeisterung. Seine Erregung schien weniger angenehmer Natur zu sein, denn die blauen Augen schie-

nen aus seinem Kopf fast her-
vorzutreten, und sein sonst
so rosiges Gesicht war ein
wenig blass.

»Sie haben mir geraten«,
sagte er brüsk und ohne
Umschweife, »ich solle herausfinden, was Harry Druce
so treibt. Wissen Sie, was er
getan hat?«

Der Priester gab keine
Antwort, und der junge
Mann stieß aufgewühlt
hervor: »Ich will Ihnen
sagen, was er getan hat. Er hat sich umgebracht.«

Pater Browns Lippen bewegten sich nur schwach, und die Worte,
die er vor sich hin murmelte, hatten keinerlei Bezug, betrafen
weder diese Geschichte noch andere irdische Belange.

»Manchmal sind Sie mir unheimlich«, sagte Fiennes. »Haben
Sie… haben Sie damit etwa gerechnet?«

»Ich habe es für möglich gehalten«, erwiderte Pater Brown,
»deshalb habe ich Sie gebeten, ein Auge auf ihn zu haben. Ich hoffte,
Sie kämen noch rechtzeitig.«

»Ich war derjenige, der ihn gefunden hat«, fuhr Fiennes heiser
fort. »Es war das abscheulichste und unheimlichste Erlebnis, das
ich je hatte. Ich ging wieder durch diesen alten Garten und spürte,
dass abgesehen von dem Mord noch etwas anderes, Unnatürliches
über ihm lag. Der dunkle Eingang zu der alten, grauen Laube war
nach wie vor zu beiden Seiten von einer Fülle blauer Blumen um-
wogt; doch auf mich wirkten die blauen Blumen wie blaue Dämo-
nen, die vor einer dunklen Höhle der Unterwelt tanzten. Ich sah
mich um, alles schien an seinem gewohnten Platz zu sein. Mich

aber beschlich der seltsame Gedanke, der Himmel selbst habe nicht seine gewohnte Gestalt. Und dann erkannte ich, was es war. Üblicherweise sah man stets den Schicksalsfelsen im Hintergrund aufragen, jenseits der Gartenhecke und vor dem Meer. Der Schicksalsfelsen war verschwunden.«

Pater Brown hatte den Kopf gehoben und lauschte gebannt.

»Es war, als ob sich ein Berg aus einer Landschaft davongestohlen hätte oder als ob der Mond vom Himmel gefallen wäre; obwohl mir durchaus bewusst war, dass der leichteste Stoß den Felsen jederzeit hätte umstürzen können. Wie besessen rannte ich in Windeseile den Gartenpfad hinab und brach durch die Hecke, als wäre sie ein Spinnennetz. Es war keine sonderlich robuste Hecke, doch aufgrund ihres ungestörten Wuchses erfüllte sie denselben Zweck wie eine Mauer. Am Strand stellte ich fest, dass der lose Felsen von seinem Podest gefallen war, und darunter lag zerschmettert der arme Harry Druce. Er hatte einen Arm um den Felsen geschlungen, als hätte er ihn selbst zu sich herabgezogen; und in die weite braune Sandfläche neben sich hatte er in wirren, großen Buchstaben die Worte geritzt: ›Der Schicksalsfelsen begräbt den Narren unter sich.‹«

»Daran war das Testament des Oberst schuld«, bemerkte Pater Brown. »Der junge Mann hatte alles auf eine Karte gesetzt, er war fest davon überzeugt, dass er von Donalds Enterbung profitieren würde, vor allem als ihn sein Onkel am gleichen Tag bestellte wie den Rechtsanwalt und ihn so herzlich empfing. Andernfalls wäre er erledigt gewesen, er hatte seinen Posten bei der Polizei verloren und sein letztes Hemd in Monte Carlo verspielt. Als er feststellen musste, dass er seinen Onkel umsonst getötet hatte, nahm er sich das Leben.«

»Halt, Moment mal!«, rief Fiennes mit aufgerissenen Augen. »Das geht mir zu schnell.«

»Weil wir gerade vom Testament sprechen«, fuhr Pater Brown

ruhig fort, »bevor ich es vergesse oder wir uns bedeutenderen Dingen zuwenden: Ich glaube, für das Rätsel um den Namen des Doktors gibt es eine ganz einfache Erklärung. Ich meine, ich hätte beide Namen irgendwo schon einmal gehört. Der Arzt ist in Wirklichkeit ein französischer Adliger und trägt den Titel Marquis de Villon. Zugleich aber ist er glühender Republikaner, er hat auf den Titel verzichtet und seinen vergessenen Familiennamen wieder angenommen. ›Mit Eurem Bürger Riquetti habe Ihr zehn Tage lang ganz Europa in die Irre geführt.‹«*

»Wie bitte?«, fragte der junge Mann verständnislos.

»Sei's drum«, versetzte der Priester. »In neun von zehn Fällen verbirgt sich hinter einem Namenswechsel ein Schurkenstück, aber hier haben wir es mit edlem Fanatismus zu tun. Darauf zielte im Übrigen auch seine sarkastische Bemerkung, Amerikaner hätten keine Namen, er meinte damit keine Titel. In England würde man den Marquis von Hartington niemals mit Mister Hartington anreden; in Frankreich hingegen nennt man den Marquis de Villon einfach Monsieur de Villon. Es könnte also durchaus wie eine Namensänderung aussehen. Was das Gerede über Mord und Totschlag angeht, vermute ich, dass auch das etwas mit französischer Etikette zu tun hat. Der Doktor sprach davon, Floyd zu einem Duell herauszufordern, und das Mädchen versuchte, ihn davon abzuhalten.«

»Oh, jetzt *verstehe* ich«, sagte Fiennes langsam. »Jetzt weiß ich auch, was sie meinte.«

»Und das wäre?«, fragte sein Gegenüber lächelnd.

»Na ja«, meinte der junge Mann, »es handelt sich um etwas, das geschah, bevor ich den Leichnam des armen Kerls entdeckte; die Katastrophe hat es wohl aus meinem Gedächtnis verdrängt. Es

---

* Honoré-Gabriel de Riquetti, Graf von Mirabeau (1749–1791) trat in der französischen Nationalversammlung als Vertreter des Dritten Standes unter dem Namen Riquetti auf, den zunächst niemand mit dem Grafen Mirabeau in Verbindung brachte. Anm. d. Ü.

fällt ja auch schwer, eine kleine romantische Idylle im Kopf zu behalten, wenn man gerade auf dem Höhepunkt einer Tragödie angelangt ist. Als ich den Weg zum Haus des Oberst hinunterging, traf ich seine Tochter bei einem Spaziergang mit Dr. Valentine. Sie war natürlich in Trauer, und er ist ohnehin stets schwarz gekleidet, als ginge er gerade zu einem Begräbnis; ich kann aber nicht behaupten, dass die beiden eine Leichenbittermiene zur Schau trugen. Mir sind noch nie zwei Menschen begegnet, die auf ihre Weise strahlender und fröhlicher ausgesehen hätten. Sie blieben stehen und begrüßten mich, dann erzählten sie mir, sie hätten geheiratet und lebten in einem kleinen Haus am Rande der Stadt, wo der Arzt seine Praxis weiterführe. Das erstaunte mich etwas, da ich ja wusste, dass sie durch das Testament ihres Vater sein gesamtes Vermögen geerbt hatte; ich machte diesbezüglich eine dezente Anspielung, indem ich sagte, ich sei auf dem Weg zum ehemaligen Anwesen ihres Vaters und hätte gehofft, sie vielleicht dort anzutreffen. Aber sie lachte nur und sagte: ›Ach, das haben wir alles aufgegeben. Mein Mann macht sich nichts aus Erbinnen.‹ Und zu meiner Überraschung erfuhr ich, dass sie tatsächlich darauf bestanden hatten, den Besitz an den armen Donald zurückzugeben; ich hoffe, es war ein heilsamer Schock für ihn und dass er mit seinem Erbe vernünftig umgehen wird. Letztlich ist er gar kein übler Kerl, er war eben noch sehr jung und sein Vater nicht gerade verständnisvoll. Doch in diesem Zusammenhang machte sie eine Bemerkung, die ich damals nicht deuten konnte; aber jetzt bin ich sicher, dass es so ist, wie Sie sagen. Mit einem Anflug großzügiger Arroganz, die jedoch völlig altruistisch war, sagte sie nämlich plötzlich:

›Ich hoffe, das wird diesen rothaarigen Schwachkopf davon abhalten, einen weiteren Aufstand wegen des Testaments zu machen. Glaubt er wirklich, mein Mann, der seinen Grundsätzen zuliebe auf ein Familienwappen und eine Adelskrone aus der Zeit der

Kreuzzüge verzichtet hat, würde einen alten Mann in seiner Gartenlaube umbringen, um an eine solche Erbschaft zu gelangen?‹ Dann lachte sie wieder und sagte: ›Mein Mann bringt überhaupt niemanden um, es sei denn in der Ausübung seines Berufs. Er hat ja nicht einmal seine Freunde mit einer Forderung zu dem Sekretär geschickt.‹ Jetzt ist mir natürlich klar, was sie meinte.«

»Natürlich«, sagte Pater Brown, »mir ist es zum Teil auch klar. Was aber meinte sie genau mit ihrer Äußerung, der Sekretär mache Ärger wegen des Testaments?«

Lächelnd antwortete Fiennes: »Ich wünschte, Sie würden den Sekretär kennen, Pater Brown. Sie hätten Ihre Freude daran, ihn dabei zu beobachten, wie er ›den Laden in Schwung bringt‹, wie er es ausdrückt. Er brachte sogar das Trauerhaus in Schwung. Er steckte soviel Elan und Dynamik in das Begräbnis, als wäre es eine sportliche Großveranstaltung. Wenn sich wirklich etwas ereignet hatte, gab es für ihn kein Halten mehr. Ich habe Ihnen ja geschildert, wie er den Gärtner beim Gärtnern zu beaufsichtigen pflegte und wie er den Rechtsanwalt im Recht unterwies. Es versteht sich von selbst, dass er auch den Chirurgen über praktische Chirurgie belehrte, und da es sich bei dem Chirurgen um Dr. Valentine handelte, können Sie davon ausgehen, dass er ihm schließlich weit Schlimmeres unterstellte als mangelnde Fachkenntnis. Der Sekretär hatte es sich in seinen roten Kopf gesetzt, dass der Arzt das Verbrechen begangen hatte, und als die Polizei eintraf, lief er zu Höchstform auf. Unnötig zu erwähnen, dass er sich auf der Stelle in den größten aller Amateurdetektive verwandelte. Nie hat Sherlock Holmes mit riesenhafterem geistigen Hochmut und mehr Verachtung auf Scotland Yard herabgesehen als der Privatsekretär von Oberst Druce auf die Polizei, die den Tod des Oberst untersuchte. Ich sage Ihnen, es war eine Wonne, ihn zu beobachten. Er stolzierte mit abwesender Miene umher, warf seine scharlachrote Mähne in den Nacken und gab knappe, ungehaltene Antworten.

Es war zweifellos sein Benehmen in diesen Tagen, das Druces Tochter so gegen ihn aufbrachte. Er hatte natürlich eine Theorie. Und zwar genau die Art von Theorie, die in einen Detektivroman passen würde; überhaupt ist Floyd ein Mensch, der eigentlich in einem Buch vorkommen sollte. In einem Buch wäre er wesentlich komischer und würde einem weniger auf die Nerven fallen.«

»Und wie lautete seine Theorie?«, wollte der andere wissen.

»Oh, sie hatte es wirklich in sich«, versetzte Fiennes düster. »Sie hätte Furore gemacht, wenn sie auch nur zehn Minuten länger standgehalten hätte. Er behauptete, der Oberst habe noch gelebt, als man ihn in der Laube auffand, und der Doktor habe ihn unter dem Vorwand, seine Kleidung aufzuschneiden, mit seinem Chirurgenbesteck getötet.«

»Ich verstehe«, gab der Priester zurück. »Ich nehme an, er lag flach mit dem Gesicht auf dem schmutzigen Boden, um in dieser Stellung ein kleines Nickerchen zu machen.«

»Wunderbar, wie weit man es mit bloßer Betriebsamkeit bringen kann«, fuhr sein Informant fort. »Ich glaube, Floyd hätte seine großartige Theorie unter allen Umständen in die Zeitung gebracht und den Doktor möglicherweise ins Gefängnis, als die Entdeckung des Leichnams unter dem Schicksalsfelsen die ganze Sache wie eine Ladung Dynamit himmelweit auffliegen ließ. Damit wären wir wieder beim Ausgangspunkt. Ich denke, der Selbstmord kommt einem Geständnis gleich. Doch niemand wird wohl jemals die ganze Geschichte erfahren.«

Beide schwiegen, dann sagte der Priester bescheiden: »Ich glaube schon, dass ich die ganze Geschichte kenne.«

Fiennes starrte ihn an. »Aber hören Sie«, rief er, »woher sollten Sie die ganze Geschichte kennen oder sicher sein, dass es die Wahrheit ist? Sie saßen hier meilenweit vom Tatort entfernt und haben eine Predigt verfasst; wollen Sie mir weismachen, Sie wüssten bereits, was geschehen ist? Wenn Sie das Ende schon kennen, wo um alles in der Welt haben Sie den Anfang her? Wie sind Sie auf Ihre eigene Geschichte gekommen?«

Pater Brown sprang mit einer für seine Verhältnisse ungewöhnlichen Erregung auf, und sein erster Ausruf glich einem Ausbruch. »Durch den Hund!«, rief er aus. »Durch den Hund natürlich! Das Verhalten des Hundes am Strand hätten Ihnen alles verraten müssen, wenn Sie ihn ganz genau beobachtet hätten.«

Fiennes starrte ihn entgeistert an. »Aber Sie haben mir doch selbst gesagt, dass meine Ahnung wegen des Hundes völliger Unsinn sei und er mit der Sache nichts zu tun habe.«

»Der Hund ist der Schlüssel zu allem«, entgegnete Pater Brown. »Das hätten Sie selbst bald herausgefunden, wenn Sie den Hund als Hund betrachtet hätten und nicht als allmächtigen Gott, der über die Seelen der Menschen richtet.«

Brown schwieg kurz verlegen und fuhr dann kleinlaut fort: »Ich mag Hunde nämlich schrecklich gern, wissen Sie. Und ich hatte den Eindruck, dass der arme Hund über der ganzen abergläubisch geisterhaften Glorifizierung seiner Rasse in Vergessenheit geriet. Nehmen wir zum Beispiel den kleinen Vorfall, dass er den Rechtsanwalt anbellte und den Sekretär anknurrte. Sie haben mich gefragt, wie ich das alles aus hundert Meilen Entfernung erraten konnte; das ist, ehrlich gesagt, größtenteils Ihr Verdienst, denn Sie haben die Leute so anschaulich beschrieben, dass ich weiß, was es für Typen sind. Ein Mensch wie Traill, der gewöhnlich die Stirn runzelt und plötzlich lächelt, jemand, der mit irgendwelchen Sachen herumspielt, vor allem in der Halsgegend, ist ein nervöser Mensch, den man rasch in Verlegenheit bringt. Es würde mich nicht wundern, wenn auch Floyd, der tüchtige Sekretär, nervös und schreckhaft wäre; das sind die übereifrigen Yankees gerne. Sonst hätte er sich nicht mit der Heckenschere in den Finger geschnitten und sie fallen gelassen, als er Janet Druce schreien hörte. Bekanntlich mögen Hunde keine nervösen Leute. Ich weiß nicht, ob sie auch den Hund nervös machen, ob er sie – schließlich ist er nur ein Tier – ein wenig einschüchtern will, oder ob er sich in seiner hündischen Eitelkeit, die man keinesfalls unterschätzen sollte, ganz einfach verletzt fühlt, weil man ihn nicht leiden kann. Wie dem auch sei, jedenfalls hat der arme Nox diese Leute nur deshalb angebellt oder angeknurrt, weil er sie nicht mochte, weil sie Angst vor ihm hatten. Nun weiß ich, dass Sie furchtbar klug sind, und keiner mokiert sich über Klugheit, der nur ein bisschen Verstand hat. Aber manchmal habe ich den Eindruck, dass Sie allzu klug sind, um Tiere richtig zu verstehen. Bisweilen sind Sie auch zu klug, um Menschen zu verstehen, besonders wenn sie sich ähnlich einfach verhalten wie Tiere. Tiere nehmen alles sehr wörtlich; sie leben in einer Welt fester Wahrheiten. Nehmen wir diesen Fall: Ein Hund bellt einen Mann an, und der Mann läuft vor dem Hund davon. Sie denken scheinbar zu kompliziert, um die Fakten erkennen zu können: nämlich, dass der Hund bellte, weil er den Mann nicht mochte, und dass der Mann flüchtete, weil er Angst vor dem Hund hatte. Mann und Hund hatten kein anderes Motiv und brauchten keins; Sie aber müssen psychologische Geheimnisse hineinlesen und vermuten, der Hund verfüge über seherische Kräfte und sei ein mysteriöses Sprachrohr des Schicksals. Sie müssen vermuten, der Mann liefe nicht vor dem Hund weg, sondern vor seinem Henker. Aber wenn Sie einmal genauer darüber nachdenken, dann erweisen sich all diese tiefenpsychologischen Schlüsse als äußerst unwahrscheinlich. Wäre der Hund imstande, den Mörder seines Herrn tatsächlich eindeutig und bewusst zu identifizieren, dann würde er nicht dastehen und ihn ankläffen wie einen Pfarrer auf einer Teegesellschaft; er würde ihm eher an die Kehle springen. Glauben Sie andererseits wirklich, dass ein Mensch, der sein Herz so verhärtet hat, dass er einen alten Freund umbringt und sich anschließend vor den Augen der Tochter und des Doktors, der die Todesursache feststellte, lächelnd unter die Familie dieses alten Freundes mischt – glauben Sie wirklich, dass sich ein solcher Mensch vor bloßer Reue krümmen würde, nur weil ein Hund ihn anbellt? Vielleicht spürt er die tragische Ironie; vielleicht erschüttert es sein Innerstes wie jedes andere alltägliche tragische Ereignis. Aber er würde nie wie ein Verrückter durch den Garten rennen, um vor dem einzigen Zeugen zu fliehen, von dem er weiß, dass er nicht reden kann. In eine solche Panik geraten Leute nur, wenn sie Angst haben – nicht vor tragischer Ironie, sondern vor den Zähnen eines Hundes. Die ganze Geschichte ist einfacher, als Sie glauben.

Kommen wir nun zu den Ereignissen am Strand. Hier wird die Sache schon interessanter. In Ihrer Darstellung wirkten sie viel rätselhafter. Ich konnte nicht begreifen, warum der Hund ins Wasser ging und einfach wieder herauskam; das sah mir nicht nach typisch Hund aus. Hätte Nox sich über etwas anderes aufgeregt, wäre er vielleicht gar nicht erst hinter dem Stock hergesprungen. Wahrscheinlich wäre er schnüffelnd in die Richtung gelaufen, in der er das Unheil witterte. Aber wenn ein Hund erst einmal hinter etwas herjagt, Stein, Stock oder Kaninchen, lässt er sich meines Wissens nur noch durch einen höchst entschiedenen Befehl davon abringen, und selbst dann nicht immer. Ich kann mir nicht vorstellen, dass er nur aus einer Laune heraus umkehrte.«

»Aber er ist umgekehrt«, beharrte Fiennes.»Und kam ohne den Stock zurück.«

»Er kam aus einem sehr einleuchtenden Grund ohne Stock zurück«, antwortete der Priester.»Er kam zurück, weil er ihn nicht finden konnte. Er winselte, weil er ihn nicht finden konnte. Über so etwas heult ein Hund nämlich wirklich. Ein Hund hält sich streng an Rituale. Er nimmt es mit dem präzisen Ablauf eines Spiels ähnlich genau wie ein Kind mit der getreulichen Wiedergabe eines Märchens. In diesem Fall entsprach das Spiel nicht den Spielregeln. Er kam zurück, um sich ernsthaft über das Betragen des Stocks zu beschweren. So etwas hatte es noch nie gegeben. Noch nie war ein bedeutender, berühmter Hund von einem miesen, alten Spazierstock so behandelt worden.«

»Wieso, was hatte der Spazierstock denn getan?«, wollte der junge Mann wissen.

»Er war untergegangen«, erwiderte Pater Brown. Fiennes schwieg und blickte den Priester weiter mit ungläubigem Staunen an. Dieser fuhr fort:

»Er war untergegangen, weil es nicht wirklich ein Stock war, sondern eine Stahlklinge mit äußerst dünnem Bambusüberzug und scharfer Spitze. Mit anderen Worten, es war ein Stockdegen. Vermutlich kann sich ein Mörder selten auf so merkwürdige und doch so natürliche Weise einer blutigen Waffe entledigen, indem er sie einem Jagdhund zum Apportieren ins Meer wirft.«

»Langsam begreife ich, auf was Sie hinauswollen«, räumte Fiennes ein. »Aber selbst wenn der Mörder einen Stockdegen benutzte, habe ich keine Ahnung, wie.«

»Ich hatte gleich zu Beginn eine Ahnung«, sagte Pater Brown, »als Sie etwas von einem Gartenhaus sagten. Und eine weitere, als Sie erwähnten, Druce trage ein weißes Jackett. Solange alle nach einem kurzen Dolch suchten, dachte niemand daran; aber wenn wir von einer ziemlich langen Klinge wie der eines Degens ausgehen, ist es durchaus plausibel.«

Er lehnte sich zurück, richtete seinen Blick zur Decke und begann den ganzen Fall noch einmal von Anfang an zu entwickeln.

»Das ganze Gerede über Detektivgeschichten wie *Das geheimnisvolle Zimmer**, über einen Mann, der tot aufgefunden wird in einem versiegelten Raum, zu dem keiner Zutritt hatte, lässt sich auf diesen Fall nicht übertragen, weil es sich um eine Laube han-

---

* Klassische Detektivgeschichte von Gaston Leroux (1868–1927) über einen versuchten Mord in einem verschlossenen Raum. Leroux ist auch Autor vom *Phantom der Oper*. Anm. d. Ü.

delt. Wenn wir vom geheimnisvollen Zimmer oder einem anderen Raum sprechen, setzten wir glatte, undurchdringliche Mauern voraus. Aber eine Gartenlaube ist anders gebaut. Häufig, wie auch in diesem Fall, besteht sie aus eng geflochtenen, einzelnen Zweigen und Holzstegen, die hie und da eine Lücke aufweisen. Exakt eine solche Lücke befand sich hinter Druces Rücken, der in seinem Sessel vor der Wand saß. Doch nicht nur der Raum war eine Laube, auch der Stuhl war ein Korbsessel und somit ein wahres Gitterwerk von Gucklöchern. Schließlich stand die Laube dicht vor der Hecke, und Sie selbst haben mir vor kurzem gesagt, es sei eine sehr dünne Hecke gewesen. Jemand, der draußen stand, konnte das weiße Jackett des Oberst durch dieses Netzwerk aus Ästen, Zweigen und Rohr ebenso leicht erkennen wie das Weiß einer Zielscheibe.

Sie haben die geographischen Gegebenheiten zwar etwas ungenau beschrieben; ich konnte mir aber trotzdem ein Bild davon machen. Sie sagten, der Schicksalsfelsen sei nicht sonderlich hoch gewesen; sie sagten aber auch, dass er den Garten überragte wie ein Berggipfel. Mit anderen Worten, er stand sehr nah am Ende des Gartens, obgleich Sie einen langen Spaziergang machten, um zu ihm zu gelangen. Außerdem schrie die junge Dame wohl kaum so laut, dass man es eine halbe Meile weit hören konnte. Sie stieß unwillkürlich einen kurzen Schrei aus, und trotzdem hörten Sie ihn am Strand. Neben anderen interessanten Dingen, von denen Sie mir erzählten, darf ich Sie daran erinnern, dass Sie sagten, Harry Druce wäre zurückgeblieben, um sich im Schutz der Hecke seine Pfeife anzuzünden.«

Fiennes erschauerte leicht.»Sie meinen, er zog seinen Stockdegen und stach damit durch die Hecke auf den weißen Fleck ein? Aber das wäre doch ein höchst unwahrscheinlicher Zufall und ein ziemlich plötzlicher Entschluss. Außerdem wusste er ja nicht genau, ob ihm der alte Mann wirklich Geld vererben würde, und wie sich herausstellte, war das nicht der Fall.«

Pater Browns Gesichtszüge wurden lebhafter.

»Sie missdeuten den Charakter des Mannes«, erklärte er, als hätte er ihn selbst sein Leben lang gekannt. »Ein merkwürdiger, aber nicht unbekannter Menschenschlag. Wenn er wirklich gewusst hätte, dass er das Geld erben würde, hätte er es nicht getan, davon bin ich überzeugt. Er hätte es als die niederträchtige Tat angesehen, die sie war.«

»Ist das nicht irgendwie widersprüchlich?«, wandte Fiennes ein.

»Der Mann war ein Spieler«, fuhr der Priester fort, »und ein Mann, der in Ungnade gefallen war, weil er sich auf ein Risiko eingelassen und auf eigene Faust Befehle erteilt hatte. Wahrscheinlich ging es um eine recht skrupellose Sache, jede Polizei des Britischen Empire gleicht dem russischen Geheimdienst ja mehr, als wir wahrhaben wollen. Aber er ist zu weit gegangen und gescheitert. Für einen solchen Mann ist die Versuchung, eine verrückte Tat zu begehen, deshalb so groß, weil das Risiko im Nachhinein so bewundernswert ist. Er möchte sagen: ›Niemand außer mir hätte die Gelegenheit am Schopf packen können oder erkannt: jetzt oder nie. Was für ein kühner, kolossaler Schlag, als ich das alles wie ein Puzzle zusammensetzte: Donald in Ungnade gefallen; man schickt nach dem Rechtsanwalt; und gleichzeitig nach Herbert und mir – und dann nichts weiter als die herzliche Art, mit der der alte Mann mich anlächelt und mir die Hand drückt. Jeder würde sagen, ob ich noch bei Sinnen wäre, etwas Derartiges zu riskieren; aber so macht man eben sein Glück, man muss verrückt genug sein, um ein wenig Weitblick zu entwickeln.‹ Kurz, es handelt sich um die Eitelkeit des Glücksritters, um den Größenwahn des Spielers. Je unwahrscheinlicher der Zufall, je spontaner der Entschluss, umso sicherer wird er die Chance ergreifen. Die Magie des Augenblicks, die Banalität des weißen Flecks und der Lücke in der Hecke berauschten ihn wie eine Vision der Erfüllung all seiner Wünsche.

Jemand, der klug genug ist, um solch ein Zusammenspiel von Zufällen zu erkennen, kann doch nicht so feige sein, sie nicht zu nutzen! So spricht der Teufel zum Spieler. Doch selbst der Teufel hätte den Unglücklichen wohl kaum dazu verleitet, hinzugehen und einen alten Erbonkel auf so fade, vorsätzliche Weise zu töten. Das wäre ihm nicht raffiniert genug gewesen.«

Er hielt kurz inne und fuhr dann mit einem gewissen ruhigen Nachdruck fort.

»Und nun versuchen Sie einmal, sich die Szene vor Augen zu führen, wie Sie sie selbst gesehen haben. Als er so dastand, wie benebelt von seiner teuflischen Chance, blickte er auf und sah die bizarre Silhouette, die ein Abbild seiner eigenen schwankenden Seele hätte sein können; dieser eine große Felsen, der bedrohlich auf dem anderen balancierte wie eine umgedrehte Pyramide, und da erinnerte er sich, dass man dieses Gebilde den Schicksalsfelsen nannte. Können Sie sich eine Vorstellung davon machen, welche Wirkung ein solches Signal in diesem Augenblick auf den Mann haben musste? Ich glaube, es löste seine Tat aus und erhöhte seine Wachsamkeit. Wer ein Turm sein will, darf nicht fürchten, ins Wanken zu geraten. Jedenfalls handelte er, und das nächste Problem bestand darin, seine Spuren zu verwischen. Einen Stockdegen bei sich zu haben, noch dazu einen blutverschmierten Stockdegen, wäre fatal gewesen bei den Nachforschungen, die mit Sicherheit folgen würden. Wenn er ihn irgendwo versteckte, würde man ihn finden und käme ihm wahrscheinlich auf die Spur. Selbst wenn er ihn ins Meer schleuderte, könnte ihn jemand dabei beobachten und sein Verhalten sonderbar finden – es sei denn, er hätte eine Idee, wie er den Vorgang ganz natürlich aussehen lassen könnte. Wie Sie wissen, hatte er eine Idee, und eine sehr gute dazu. Da er der Einzige war, der eine Uhr bei sich hatte, sagte er Ihnen und Herbert, es sei noch zu früh, um zurückzugehen, schlenderte ein bisschen weiter und fing an, Stöcke für den Hund ins Meer zu werfen. Doch wie verzweifelt muss sein Blick den einsamen Strand abgesucht haben, ehe er erleichtert auf den Hund fiel!«

Fiennes nickte und starrte nachdenklich ins Leere. Seine Gedanken schienen zu dem weniger faktischen Teil der Geschichte abzuschweifen.

»Schon seltsam«, sagte er, »dass der Hund schließlich doch etwas mit der Geschichte zu tun hat.«

»Der Hund hätte Ihnen die Geschichte fast erzählen können, wenn er sprechen würde«, meinte der Priester. »Ich beklage mich nur darüber, dass Sie für ihn, weil er nicht sprechen kann, eine Geschichte erfunden haben und ihn mit Menschen- und Engelszungen reden ließen. Ich beobachte das immer häufiger in unserer heutigen Zeit, es taucht in allen möglichen Zeitungsgerüchten und als Gemeinplatz in Gesprächen auf: Dinge, die willkürlich für bare Münze genommen werden, ohne dass sie bestätigt werden können. Die Leute schlucken bereitwillig jede unbewiesene Behauptung, und zwar über alles Mögliche. Es begräbt den alten Rationalismus und Skeptizismus unter sich, es flutet herein wie das Meer – und sein Name ist Aberglaube.« Er erhob sich plötzlich und fuhr mit finsterem Blick stirnrunzelnd fort, als wähnte er sich allein. »Wenn man nicht an Gott glaubt, büßt man zuerst seinen gesunden Menschenverstand ein und sieht die Dinge nicht mehr so, wie sie sind. Jeder Sachverhalt, über den jemand spricht und von dem behauptet wird, da stecke wirklich etwas dahinter, nimmt bald so enorme Ausmaße an wie ein endloser Korridor in einem Albtraum. Und dann wird ein Hund zum Omen, eine Katze zum Mysterium, ein Schwein zum Glücksbringer und ein Käfer zum Skarabäus; die ganze Menagerie der ägyptischen und altindischen Vielgötterei wird heraufbeschworen: der Hund Anubis und die große grünäugige Sachmet und alle heiligen brüllenden Stiere von Basan; man taumelt zurück zu den Tiergöttern der frühen Menschheit, flüchtet sich in die Gestalten von Elefanten, Schlangen und Krokodilen – und alles nur, weil man die vier Worte fürchtet: ›ER ist Mensch geworden.‹«

Der junge Mann stand leicht verlegen auf, als hätte er ein Selbstgespräch belauscht. Er rief den Hund und verabschiedete sich mit leicht diffusen, aber fröhlichen Worten. Den Hund aber musste er zweimal rufen, denn dieser war einen Augenblick lang völlig regungslos stehengeblieben und sah unverwandt zu Pater Brown empor, wie der Wolf zum heiligen Franz von Assisi.

DAS FESTMAHL VOM CLUB DER »ZWÖLF WAHREN FISCHER«

HORS D'OEUVRES DIVERS
CONSOMMÉ DOUBLE
PUDDING VOM EDELFISCH MIT SAUCE HOLLANDAISE
CRÈME BRÛLÉE
FROMAGE

HORS D'OEUVRES DIVERS

Artischockensalat mit sautierten Wachtelbrüstchen
Gänseleberpastete mit Birnenkompott und Brioches
Salat von verschiedenen Bohnen mit grüner Vinaigrette

Artischockensalat mit sautierten Wachtelbrüstchen
Für 4 Personen

Für den Artischockensalat:
    4 Zitronen
    12 junge Artischocken
    Salz
    2 EL Dijonsenf
    5 EL Weißweinessig
    8 EL Olivenöl
    schwarzer Pfeffer aus der Mühle

Für die Wachtelbrüste:
    50 g Butter
    4 küchenfertige Wachtelbrüste

- Zitronen auspressen. 8 Esslöffel Saft in eine Schüssel mit kaltem Wasser geben. Artischocken von 3–4 äußeren harten Blattreihen befreien, Blattspitzen mit der Küchenschere um 3 cm kürzen. Stiele auf etwa 4 cm kürzen und schälen. Artischocken längs halbieren und das »Heu« entfernen. Schnell arbeiten und sofort ins Zitronenwasser legen, damit sie nicht braun werden. In einem großen Topf Wasser aufkochen, kräftig salzen und restlichen Zitronensaft hinzufügen. Die Artischocken darin bei mittlerer Hitze in etwa 15 Minuten zugedeckt weich kochen. Herausnehmen, abtropfen lassen und in eine Schüssel geben. Senf, Weißweinessig und Olivenöl verquirlen. Mit Salz und Pfeffer würzen. Die Artischocken mit der Vinaigrette marinieren.

– Butter in einer Pfanne aufschäumen lassen. Die Wachtelbrüste mit der Hautseite nach unten hineinlegen und bei mittlerer Hitze etwa 5 Minuten anbraten. Wenden und auf der anderen Seite ebenfalls 3 Minuten braten. Nicht zu braun werden lassen. Herausnehmen, salzen, pfeffern und quer jeweils in 3–4 Stücke schneiden. Noch warm zusammen mit dem Artischockensalat servieren.

Gänseleberterrine mit Birnenkompott und Brioches
Für 6 bis 8 Personen

Für die Terrine:
 1 kg frische Stopfleber von der Gans
 15 Scheiben mitteldünn geschnittener grüner Speck
 (frischer Rückenspeck vom Schwein)
 4 EL weißer Portwein
 2 EL Cognac
 Salz und Pfeffer aus der Mühle

Für das Kompott:
 500 g Birnen
 2–3 EL Zucker
 ausgekratztes Mark von 1 Vanilleschote
 1 Schuss Grand Marnier

Für die Brioches:

    1 Würfel frische Hefe (25 g)

    2 EL warmes Wasser

    375 g Mehl (evtl. etwas mehr)

    1½ TL Salz

    2 TL Zucker

    5–6 Eier

    Öl für die Schüssel

    175 g weiche Butter

    Butter für die Formen

    1 Ei, mit ½ TL Salz verquirlt, zum Bestreichen

- Für die Gänseleberterrine die Leber in eine Schüssel legen, die auf Eiswürfeln steht. Frische Stopfleber zerfließt, wenn sie zu warm wird. Mit einem kleinen Messer von Häuten und Sehnen befreien. Die geputzte Leber mit Portwein und Cognac übergießen, kräftig salzen und pfeffern. Flüssigkeit und Gewürze vorsichtig mit den Händen einmassieren, damit die Struktur der Leber erhalten bleibt. Luftdicht mit Klarsichtfolie abdecken und im Kühlschrank mindestens 12 Stunden durchziehen lassen.

- Eine Terrinenform mit den Speckscheiben auslegen, dabei die Scheiben über den Rand lappen lassen, sie werden später wie ein Deckel über die Terrine geklappt. Die Leber in die Form modellieren, dabei darauf achten, dass sich keine Luftkammern bilden. Die Speckscheiben darüber klappen. Die Terrine mit einem in Klarsichtfolie eingeschlagenen Holzbrett in Größe der Form beschweren. Das Ganze mit Küchengarn umwickeln, damit das Brett fixiert wird.

- Ofen auf 80 °C vorheizen. Einen großen Bräter oder ein tiefes Backblech mit Wasser füllen, sodass die Terrinenform 4–5 cm im Wasser steht. Die Terrine etwa 45 Minuten garen. Behutsam aus dem Ofen nehmen (die Terrine ist fast flüssig) und abkühlen lassen. Dann in den Kühlschrank stellen und fest werden lassen. Gut gekühlt hält die Terrine 3–4 Tage.

– Für das Kompott die Birnen schälen, vom Kerngehäuse befreien und in kleine, nicht zu dünne Stücke schneiden. In einen Topf geben und mit 2–3 Esslöffeln Zucker bestreuen. Das Vanillemark zufügen. Mit Grand Marnier übergießen. Alles verrühren und bei mittlerer Hitze offen köcheln lassen, bis die Birnen weich sind. Abkühlen lassen.

– Für die Brioches die Hefe im warmen Wasser auflösen. Mehl auf eine Arbeitsfläche sieben und in die Mitte eine Mulde drücken. Salz und Zucker seitlich auf ein Drittel des Randes geben und mit einem Mehlrand vor dem Abrutschen sichern. 5 Eier in die Mulde schlagen. Die Hefe darüber gießen. Hefe und Eier mit den Händen vermischen. Nach und nach Salz und Zucker vom Rand unter die Eiermasse schaben und einarbeiten. Dann das restliche Mehl unterkneten. Der Teig sollte schön weich sein, ist er zu zäh und trocken, noch 1 Ei unterkneten. So lange kneten, bis der Teig glatt und geschmeidig ist. Eine Schüssel mit Öl ausstreichen. Den Teig zur Kugel formen, in die Schüssel legen und bei Zimmertemperatur zugedeckt etwa 2 Stunden gehen lassen.

– Die weiche Butter mit den Händen unter den Teig kneten, bis dieser glänzt. Gute 5 Minuten durchkneten. Die Schüssel erneut einölen, den Teig hineinlegen und an einem warmen Ort auf die doppelte Größe aufgehen lassen.
– 2 Briocheformen (gewellte Backform mit 23 cm Durchmesser) mit Butter ausstreichen. Den Teig halbieren. Von jeder Hälfte ein Drittel abnehmen und zur Kugel formen.

Jede Teighälfte in eine Form geben. Mit den Fingern ein Loch in die Mitte drücken, bis der Boden der Form sichtbar wird. Die kleinen Kugeln jeweils in das Loch geben und leicht an den Formboden drücken. Den Teig in der Form nochmals 30 Minuten gehen lassen.

– Inzwischen den Ofen auf 220 °C vorheizen. Den Teig mit verquirltem Ei bestreichen und 15 Minuten backen. Ofentemperatur auf 180 °C reduzieren und die Brioches weitere 20–30 Minuten backen, bis sie schön goldbraun sind. Herausnehmen und kurz abkühlen lassen. Dann stürzen und in Scheiben schneiden.

– Die Gänseleberterrine stürzen. Den Speck entfernen und die Terrine in etwa 1 cm dicke Scheiben schneiden. Auf Tellern anrichten und jeweils 1 Esslöffel Birnenkompott dazugeben. Frische Briochescheiben dazu reichen.

Salat von verschiedenen Bohnen mit grüner Vinaigrette
Für 6 Personen

Für den Salat:
  1 Zwiebel
  2 Nelken
  1 Lorbeerblatt
  400 g gemischte Bohnenkerne (z. B. Wachtelbohnen, weiße Bohnen und Feuerbohnen)
  700 g gemischte Schnittbohnen (z. B. Busch-, Wachsbrech- oder Prinzeßbohnen)
  Salz

Für die Vinaigrette:

  1 Bund fein gehackte Petersilie
  1 Bund fein gehackter Schnittlauch
  1 fein gewürfelte rote Zwiebel
  2 EL fein gehackte Kapern
  4 fein gehackte Sardellen
    abgeriebene Schale von 1 unbehandelten Zitrone
60 ml Olivenöl
    schwarzer Pfeffer aus der Mühle

- Zwiebel schälen, mit Nelken und Lorbeerblatt spicken. Die Bohnenkerne in einem Topf knapp mit Wasser bedecken. Gespickte Zwiebel zufügen, das Ganze zum Kochen bringen und die Bohnenkerne halb zugedeckt in 15–20 Minuten weich garen. Dann abgießen.
- Schnittbohnen putzen und in kochendem Salzwasser in etwa 7 Minuten bissfest garen. Abgießen und kalt abschrecken, damit sie ihre Farbe behalten. Alle Bohnensorten in eine Schüssel geben.
- Alle Zutaten für die Vinaigrette vermengen. Eventuell etwas mehr Olivenöl zugeben, bis die Vinaigrette eine sämige Konsistenz hat. Mit Salz und Pfeffer abschmecken, über die Bohnen gießen und damit vermischen. Den Salat lauwarm oder zimmerwarm servieren.

CONSOMMÉ DOUBLE
Für 6 Personen

Für den Fond:
  3 Zwiebeln
  ½ Sellerieknolle
  2 Karotten
  1 Lorbeerblatt
  2 Nelken
  je 4 schwarze und weiße Pfefferkörner
  3 Thymianzweige
  1 kg Tafelspitz (Rindfleisch aus dem Schwanzstück)
  ½ Bund Petersilie
  Salz

Zum Klären:
  3 kg Rinderhackfleisch
  250 g Staudensellerie, geputzt und in groben Stücken
  1 Zwiebel, geschält und halbiert
  1 Lorbeerblatt
  8 schwarze Pfefferkörner
  8 Eiweiß

– Zwiebeln mitsamt Schale halbieren. Die Schnittflächen auf einer heißen Herdplatte leicht anbräunen lassen. Knollensellerie sowie Karotten schälen und in grobe Stücke schneiden. Lorbeerblatt, Nelken, Pfefferkörner und Thymian in ein Mullsäckchen geben. 5 Liter Wasser zusammen mit Tafelspitz, Sellerie, Karotten, Petersilie, Zwiebelhälften sowie dem Gewürzsäckchen zum Kochen bringen. Salzen und bei schwacher Hitze etwa 3 Stunden köcheln lassen. Dann durch ein mit einem Küchentuch ausgelegtes

Sieb abgießen, abkühlen lassen und kühl stellen. Kaltes Fett von der Oberfläche sorgfältig abschöpfen. Das Fleisch beiseite stellen und später eventuell als Suppeneinlage verwenden.

– Zum Klären des Fonds sämtliche Zutaten in die abgekühlte Flüssigkeit geben. Unter Rühren langsam erhitzen und einmal aufkochen lassen. Dann nicht mehr rühren und das Ganze 2 bis 3 Stunden köcheln lassen. Sobald alle Trübstoffe gebunden sind, die Brühe durch ein Tuch abseihen. Mit Salz abschmecken. Nochmals vorsichtig erhitzen. Mit oder ohne Einlage heiß servieren.

Norwegischer Lachs

Streifenbarbe

Streifenbrasse

Wolfsbarsch

St.-Petersfisch

Blaupunktbrasse

PUDDING VOM EDELFISCH MIT SAUCE HOLLANDAISE
Für 6–8 Personen

Für den Pudding:
    4 Schalotten
    etwas Öl
    Salz und schwarzer Pfeffer aus der Mühle
    1 kg Edelfischfilets (z. B. Steinbutt, Meerwolf, Saibling)
    8 Eiweiß
    200 g Sahne
    2 EL Speisestärke
    50 ml Milch
    Butter für die Form

Für die Sauce hollandaise:
    250 g Butter
    4 EL kaltes Wasser
    1 EL Weißweinessig
    8 zerdrückte weiße Pfefferkörner
    4 Eigelb
    Saft von ½ Zitrone

– Für den Fischpudding die Schalotten schälen und fein hacken. In etwas Öl weich dünsten. Mit Salz und Pfeffer würzen und im Mixer zu einem feinen Püree verarbeiten. Backofen auf 100 °C vorheizen. Die Fischfilets entgräten, waschen und trocken tupfen. Grob zerkleinern und im Mixer zusammen mit Eiweiß, Sahne und Schalottenpüree pürieren. Speisestärke in der Milch glattrühren und unter die Fischmasse mengen. Mit Salz und Pfeffer würzen. Eine Königskuchen- oder Terrinenform (30 cm Länge) mit Butter ausstreichen. Die Fischmasse hineingeben und glatt streichen. Ein tiefes Backblech etwa 4 cm hoch mit Wasser füllen. Die Form hineinstellen und den Fischpudding im Ofen etwa 35 Minuten garen. Ein in die Mitte gestecktes Bratthermometer sollte 70° C anzeigen.

- Inzwischen für die Sauce hollandaise die Butter in einem Topf sanft erhitzen und langsam aufkochen lassen. Den Schaum abschöpfen. Die Butter vorsichtig in eine Schüssel gießen, der milchige Bodensatz sollte im Topf zurückbleiben. Die geklärte Butter auf Handwärme abkühlen lassen.

- Wasser, Essig und Pfefferkörner in einem kleinen schweren Topf bei milder Hitze um ein Drittel einkochen, dann abkühlen lassen. Sobald die Flüssigkeit erkaltet ist, die Eigelbe mit einem Schneebesen gründlich unterrühren. Weiterrühren und die Masse auf kleinster Stufe erhitzen. Darauf achten, dass der Schneebesen beim Schlagen Kontakt zum Topfboden hat. Ständig weiterschlagen und dabei langsam die Hitze erhöhen. Die Sauce sollte sehr langsam emulgieren und nach 8–10 Minuten cremig geworden sein. Topf vom Herd nehmen und die geklärte Butter zunächst tropfenweise, dann in dünnem Strahl zufließen lassen, dabei ständig mit dem Schneebesen rühren. Mit Salz und Pfeffer abschmecken. Die Sauce durch ein feines Sieb streichen.

- Den Fischpudding auf eine Servierplatte stürzen. In Scheiben schneiden. Die Sauce hollandaise nochmals aufschlagen und den Zitronensaft unterrühren. In eine Saucière füllen und zusammen mit dem Fischpudding sofort servieren.

- Tipp: Noch opulenter wird der Pudding, wenn Sie ihn kurz vor dem Servieren mit frisch gekochten, ausgelösten Hummerschwänzen garnieren.

CRÈME BRÛLÉE
Für 6 Personen

300 g Sahne
200 ml Milch
1 Vanilleschote
6 Eigelb
60 g Zucker
brauner Zucker zum Bestreuen

- Ein tiefes Backblech mit Wasser füllen oder einen mit Wasser gefüllten Bräter aufs Blech stellen. Den Backofen mitsamt dem Wasserbad auf 200 °C vorheizen.
- Sahne und Milch aufkochen. Vanilleschote halbieren, das Mark herauskratzen und zusammen mit der Schote in die köchelnde Sahnemilch geben. Vom Herd nehmen und zugedeckt 10 Minuten ziehen lassen. Eigelbe und Zucker schaumig schlagen und unter die heiße Sahnemilch rühren. Das Ganze durch ein Sieb in 6 kleine Förmchen (12 cm Durchmesser, 2–3 cm hoch) gießen.
- Die Förmchen ins Wasserbad stellen und die Crème im Ofen etwa 45 Minuten garen. Herausnehmen, abkühlen lassen und dann mindestens 4 Stunden kühl stellen. Kurz vor dem Servieren jede Crème mit 1½ Esslöffeln braunem Zucker bestreuen. Den Zucker mit einem Bunsenbrenner abbrennen, dabei den Zucker nur goldbraun, nicht schwarz werden lassen. Sollten Sie keinen Bunsenbrenner besitzen, können Sie den Zucker auch im Ofen bei 200°C in 2–3 Minuten karamellisieren lassen. Sofort servieren, die Zuckerschicht sollte noch warm sein.

FROMAGE

Vorschlag für eine französische Käseplatte:

Camembert de Normandie AOC
    (Weichkäse aus Kuhrohmilch aus der Normandie.
      Mindestens 45 % Fett i.Tr.)
Petit Bouchon Fromi
    (Weichkäse aus Kuhrohmilch aus der Champagne.
      Mindestens 50 % Fett i.Tr.)
Langres AOC
    (Weichkäse aus Kuhrohmilch mit gewaschener Rinde
    aus der Champagne. Mindestens 50 % Fett i.Tr.)
Munster Gerome AOC
    (Weichkäse aus Kuhrohmilch mit gewaschener Rinde
    aus dem Elsass. 50 % Fett i.Tr.)
Pico affiné
    (Weichkäse aus Ziegenrohmilch aus dem Périgord.
      Mindestens 45 % Fett i.Tr.)
Chabisfeuille coque
    (Weichkäse aus Ziegenrohmilch aus dem Périgord.
      Mindestens 45 % Fett i.Tr.)
Roquefort
    (halbfester Schnittkäse aus Schafrohmilch mit
    Blauschimmel aus der Region Rouergue.
    Mindestens 52 % Fett i.Tr.)

Die Käsesorten mindestens 1 Stunde vor dem Servieren aus dem
Kühlschrank nehmen. Frisches Baguette dazu reichen.

Gilbert Keith Chesterton, geboren 1874 in London, gestorben 1936 in Beaconsfield, wurde durch seine Pater-Brown-Geschichten berühmt. Der detektivische Seelsorger hat die zielsichere Gabe, sich in kriminelle Geister hineinzudenken und löst die kniffligsten Fälle. In England wurde Pater Brown in Verfilmungen von Alec Guiness verkörpert, in Deutschland machte ihn Heinz Rühmann populär. G. K. Chesterton arbeitete unter anderem als freier Kunst- und Literaturkritiker und verfasste Kolumnen und Essays. Er beschäftigte sich intensiv mit philosophischen Themen und führte öffentliche Debatten mit George Bernhard Shaw und H.G. Wells.

Reinhard Michl, 1948 in Niederbayern geboren, studierte nach einer Schriftsetzerlehre an der Akademie der bildenden Künste in München. Noch während seines Studiums begann er, für Verlage zu arbeiten. Für sein Schaffen wurde er mehrfach ausgezeichnet, u. a. mit dem Gustav-Heinemann-Friedenspreis und dem Troisdorfer Bilderbuchpreis.

Krimi, Kunst & Kochen

Friedrich Glauser
Die Fieberkurve
Wachtmeister Studer ermittelt
Kriminalgeschichte mit Menü
Mit Illustrationen von Reinhard Michl
272 S. · ISBN 978-3-8369-2633-1

Zwei rätselhafte Morde verschlagen Wachtmeister Studer bis
nach Marokko, wo er innerhalb der Fremdenlegion einen seiner
schwierigsten Fälle lösen muss. Keine leichte Aufgabe für den Schweizer
Ermittler, der mit seinem Heimatkanton Bern fest verwurzelt ist.
In Glausers Studer-Romanen wird nicht nur akribisch ermittelt,
sondern auch gern gegessen. Der Kommissar liebt die Schweizer Küche.
Die Leser dieses Buches können das klassische Schweizer Menü
am Ende des Textes selbst nachkochen und genießen.
Die eindrucksvollen Charaktere in »Die Fieberkurve« werden durch
Reinhard Michls Illustrationen kongenial zum Leben erweckt.

GERSTENBERG

In vino veritas

Mord im Weinkeller
Herausgeben von Busch & Heuner
Mit Illustrationen von Bengt Fosshag
240 S. · ISBN 978-3-8369-5288-0

Weinbegeisterte Autoren aus aller Welt, unter ihnen Ann Granger,
Peter Zeindler, Fernando Martínez Laínez, Gabriele Wolff und
Serge Dounovetz, schreiben weinselige Mordgeschichten.
Ein kleines Weinkompendium führt uns durch das Dickicht
der Weinrebsorten und natürlich gibt es auch Rezepte für exquisite
Weinbegleitspeisen. Bengt Fosshag schließlich lockt uns mit
seinen kriminellen Illustrationen in die finstersten Weinkeller.
Kriminelles Weinbuch der Extraklasse!

GERSTENBERG

Im Jahre 1911 erschienen bei *Curtis Publishing Company* mit *The Innocence of Father Brown* die ersten zwölf Geschichten, in deren Mittelpunkt der detektivisch begabte katholische Priester stand. Es folgten *The Wisdom of Father Brown* (1913, *McClure Publications*), *The Incredulitiy of Father Brown* (1923, *Dodd, Mead & Company*), *The Secret of Father Brown* (1927, Copyright by G. K. Chesterton) und *The Scandal of Father Brown* (1935, Copyright by G. K. Chesterton). Alle Erzählungen waren zuvor in Zeitschriften wie *Storyteller, Cassell's Magazine* und *Pall Mall Magazine* veröffentlicht worden.

ISBN 978-3-8369-5291-0